向华为学习
图解 驱动激励机制步骤

KPI　OKR　PDCA　ERP　积分制　股权

辛明珠　孙会国　赵淑瑾　著

本书参与作者

职业经理：
- 李　民（大唐人力集团董事长）
- 李家网（汇智谷智业董事长）
- 王　芸（恩多寿司 CHO）
- 张学荣（汤臣倍健透明工厂总经理）
- 陈　亮（达林达味总经理）
- 刘建斌（莱克电气经理）
- 冯　辉（上海企力总经理）
- 高　波（利来集团总经理）
- 何　磊（姑苏茶局创始人）
- 任建海（泰才集团董事长）
- 王　挺（汇港产业总经理）
- 沈　洁（苏州冠君集团董事长）
- 黄健蓉（仁力集团董事长）

咨询顾问：
- 曹越伟（中国式管理践行者）
- 贺天祥（股权、商业模式顾问）
- 吴均凡（综合咨询师）
- 邹俊文（前华为高管 AI 营销）
- 袁一平（清华营销教授）
- 程耀霆（和君战略顾问）
- 赵成国（经营效能专家）
- 吴　勇（企业融资顾问）
- 郭敬峰（压力绩效管理专家）
- 陈丽瑾（首席人力资源官）
- 樊厚成（企业合规律师）
- 房平木（知识产权律师）
- 孙汗青（中国讲师学院院长）
- 王晴红（活动策划顾问）
- 周淑敏（国家级 SYB 培训师）
- 李亚洲（军工质量管理顾问）
- 谢启祥（精益顾问）
- 吕　宁（精益顾问）
- 朱　锋（智能制造高级顾问）
- 杨杰平（法务顾问）

财税专家：
- 赵高峰（金螳螂总监）
- 茅春雨（集团总监）
- 袁伟（集团总裁）
- 汪雪松（会计师事务所总经理）

ERP 顾问：
- 包立方（SAP 首席顾问）
- 王国玉（金蝶高工）
- 王志会（正航高工）
- 庄国君（用友高工）
- 张建伦（CRM 顾问）
- 张　永（正航高工）
- 肖泽华（信息化专家）
- 郑娇萍（智慧食安专家）
- 柯于正（ERP 专家）
- 陆松鹤（SAP 专家）
- 崔新华（SAP 专家）

软件开发：
- 潘汉宽（快码猿快速开发平台创始人）
- 苏信（编程机器人创始人）

高校教师：
  章艳华（江苏电子信息商学院院长） 余家军（华商学院博士）
  陈明军、杜雪峰（哈商大计算机学院） 高飞、李志辉（建雄学院）

行业协会：
  伍昊献（SAP 中国协会会长） 施正华（苏州智造协会会长）
  许静之、周乐（江苏数字化促进会） 赵晓瑜（苏州 IT 俱乐部）
  刘　欣（徐州软件协会会长） 曾引荣（医院工会主席）
  汤　涛（环保学习达人） 唐建中（中国市场学会信工委副秘书长）
  帅　帅（中国电动车产业研究院院长）

序言

一、什么是企业核心竞争力

企业真正的核心竞争力？

业务？　　技术？　　管理？

　　企业的核心竞争力是什么？是业务？技术？还是管理？

　　如果是业务，业务强人可以通过高薪挖过来。在唐僧、刘备、宋江三个团队中，宋江团队高级人才最多，但生不逢时，也因缺乏战略和管理方法最终失败。

　　如果是技术，技术团队也可以被挖过来，可以被模仿和超越。华为就是一直在学习爱立信、思科、苹果，然后超越。

　　如果是管理，管理咨询机构很多，管理标准化、科学化、KPI考核等一堆体系、制度，这也不难。

　　既然业务、技术、管理都可以通过钱来解决，似乎能用钱解决的问题已不是问题，但为什么没有出现很多像华为这样全员奋斗拼搏的企业？

华为背后神秘力量

面对美国携全球力量的打压，华为这个企业团队依然不屈不挠，充满斗志，背后是什么样的力量在凝聚近20万人的团队？

组织驱动激励机制

面对美国携全球力量的打压，华为这个企业团队依然不屈不挠，充满斗志，背后是什么样的力量在凝聚近20万人的团队？

华为告诉我们是组织驱动激励机制。

有了这样的激励驱动机制，没有人才，可以通过机制激发人的活力、全员奋发图强、认真学习、刻苦攻关，研发出技术。

没有业务，可以通过机制激发每个人的活力，全员营销、集思广益、增效降本、渡过难关、创出天地。

没有管理，可以通过机制激发每个人的活力，大家一起改善提案、合理化建议，三个臭皮匠胜过诸葛亮，学习琢磨出管理体系。

二、企业管理的本质就是管人

企业管理本质

企业管理的本质——管人

管人的本质——构建激活员工思想活力的驱动机制

理论很多　需系统梳理　按步执行　软件支撑

企业管理的本质就是管人，管人的本质就是激活员工的思想活力！

很多老板已经意识到了激励体系的重要性，传统KPI管压的方式只会把团队逼散，尤其"90后""00后"，他们追求的是舒心、自由。面对越来越激烈的市场竞争，全员经营、合伙经营、正激励已迫在眉睫。

三、企业管理五大方向

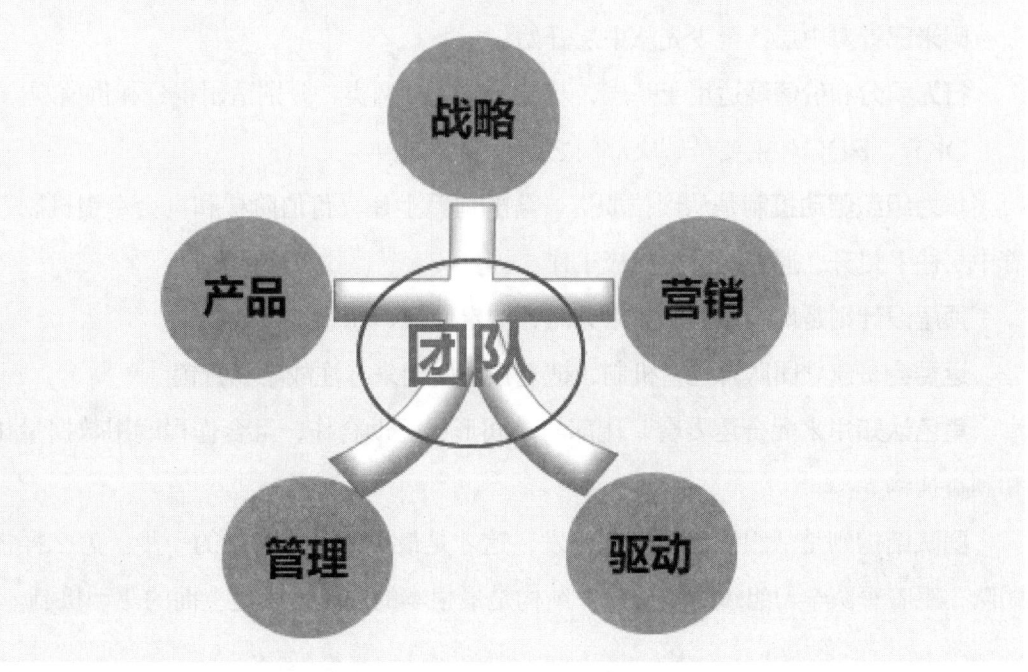

企业管理范畴太广，很多人学习就像置身于大海，茫然不知所措。我们首先要理清企业管理的五大方向，如图中的"大"字模型。

战略定位、营销策划、产品研发：这三个大家都不陌生。

管理标准化： 民企近几十年一直向欧美企业学习管理标准化、科学化，如SOP、5S、质量体系、ERP、CRM、HR、MES软件导入……这些都属于管理标准化范畴，概念也基本普及了，只是需要去不断完善。

驱动机制： 这是本书的主讲内容，即全面的绩效激励管理体系，如何激发员工活力，使企业快速成长。当然激励驱动机制的落地也需要标准化管理体系的支撑，本书会适当地贯穿这些内容。

四、全面驱动激励机制框架

绩效激励、驱动机制相关理论方法也很多：阿米巴、组织驱动机制（价值阶梯、机会牵引、任职资格等）、OKR、执行力、积分制、价值观、股权、KPI 等。本书把以上理论综合梳理，去粗取精，去伪存真，不再盲人摸象式地学习，而是让读者容易理解，看清整体框架体系，并且总结出能够落地的步骤顺序。

在众多绩效激励体系中，每个体系理论都有其针对的管理对象。很多企业学习了一些体系，回去发现很难落地，主要就是用错了对象。

股权主要针对高、中层。高层用注册股，中层用干股。

阿米巴针对中层，至少先从中层开始。

行为积分和**价值观**适用于基层，基层还要区分两类，分别适用积分和价值观。

OKR、PDCA 主要是解决部门之间扯皮、拖拉。

华为组织驱动机制是从岗位职责、薪酬体系上建立价值阶梯和机会牵引机制，逼着中层往上提升，逼着基层更积极工作。

顶层设计则是确定企业的战略方向，拟定使命、愿景、价值观。

运委会是建立团队自运营机制，把老板解脱出来专注战略和营销。

角色认知用来配合运委会，让部门之间形成互助合作，且合作程度用数据量化，和利益挂钩。

团队结构则是从组织结构角度出发，这才是最关键和最初始的一步。怎么样搭建团队，跟着军队学习组织结构搭建。结构是最根本的因素，决定上面的驱动机制。

……

五、绩效激励驱动机制落地顺序

"阿米巴"作为激发全体员工活力的重要管理方法，这些年比较火，但是能具体落地的企业很少。很多人说阿米巴很难，甚至说不适合中国企业。现实是有一大堆知名和不知名的国内企业早已推行了阿米巴，对阿米巴的理解不能生搬硬套，应取其独立核算思想和儒释道的育人精髓，然后结合我国国情、文化和企业自身特点去应用。独立核算和儒释道要求企业有管理基础做支撑，而不少企业还不具备这样的基础，如：管理标准化的 ERP 系统，目标管控的执行力体系……阿米巴对这些企业来说还有不少基本功需要去弥补。关键问题是不少企业还没认识到需要先弥补基本功，就直接学习阿米巴，结论就是阿米巴太难，不适合中国企业。

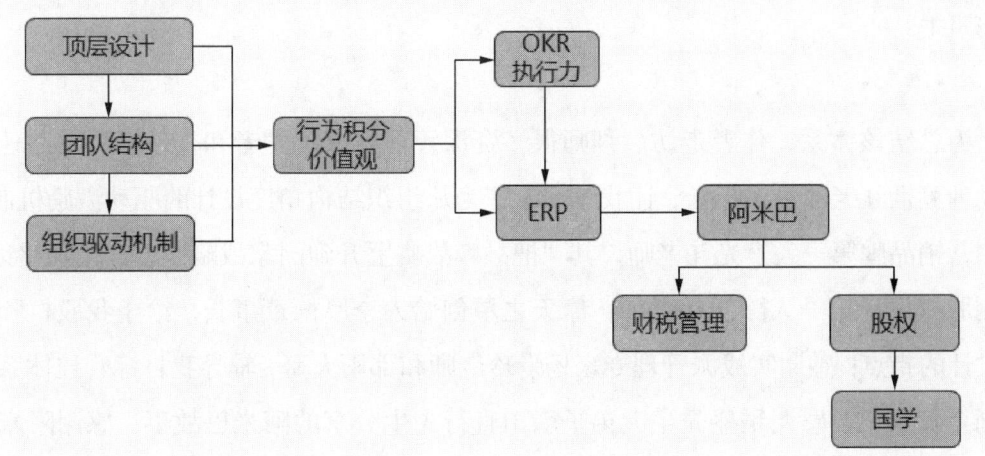

六、管理落地离不开信息系统支撑

管理体系学完后，最后落地还是离不开信息系统的支撑，该类软件也多而杂。本书先用简短篇幅捋一下 ERP，看应用是如何把 SOP、规章制度、体系文件、操作手册、培训文档等巧妙嵌入 ERP 的，即在 ERP 中就可以直观看到 SOP 和制度、体系，还能在 SOP 上直接点击操作，做到最大程度把管理标准化借助信息系统固化落地（和什么品牌 ERP 无关，本书只分享作者独创的应用方法）。接下来就专门分享本书重点，如何用信息系统管人管事，如何应用阿米巴、OKR\PDCA、行为积分、股权、KPI 信息系统。最终把员工的各种绩效数字量化、行为数字化，建立全面员工行为银行，为员工的综合评估提供数据支撑。

员工行为数字化，包括动态虚拟股权数字化，KPI 结果数字化，独立核算数字化，OKR 完成度数字化，PDCA 工作量化，平时职业素养、为人处事、价值观数字化，能力评估（工龄、学历、技能、特长、荣誉）数字化。

用数字量化，结合激励表彰，引导员工好行为、好习惯、正能量，让大家用匠心精神做产品、做服务，最后把匠心团队工作过程汇聚成一则则故事，再借助传媒宣传出去，最终形成一个品牌。

最后强调，管理软件、激励体系、品牌建设都不是大企业的专享，没有一个企业大到不可被挑战，没有一个企业小到不可去竞争，华为就是从 150 平方米的简陋厂房开始的。在机遇越来越少，竞争越来越激烈的环境下，如何让中小微企业更高效快速地突破经营管理困境？本人所能做的就是用擅长的信息化管理工具，分享如何将员工思想、行为数字化，让绩效激励管理落地简单、易懂、可执行！借助信息工具，把老板憋在心里的话传递给员工，让不擅长演讲的老板，借助信息系统去时刻鼓舞、动员、表彰员工。

为总结该体系，作者走访、拜师很多资深管理专家、学者和企业家。感谢任老前助理豆世红老师多次指导，让我学习了华为从组织结构角度设计的驱动激励机制；感谢营销品牌第一人李光斗老师，其"把品牌战略上升到国家战略"志言让我铭记；感谢股权设计第一人陈学兵老师，摩天之星创始人李厚德董事长，给予我股权和团队设计的指点；感谢实战派管理专家杨爱玲老师和邵雨大哥，辅导我目标管控体系，绘画企管框架；感谢稻盛先生大弟子森田直行先生分享的阿米巴故事，感谢阿米巴专家冯柏忠老师，关于阿米巴应用的实践分享；感谢雅迪电动车前HR创始人赵淑璟老师，关于人力资源薪酬绩效体系的指导；感谢和君咨询战略顾问程耀霆老师，从战略角度指导我写公司简介；感谢单仁集团董事长、全网营销专家单仁老师，感谢720营销策划专家刘松老师，分别从不同角度指导全网营销的策划投放；感谢湖南省卫生系管理专家汪荣华老师，对云平台的批评和建议；感谢广西民间青芽老师，带我入门中医基础理论；感谢温州佛学永春大哥，其"道在广博、佛在精深"解答我道和佛的关系，佛门中医王宝林大师，进一步理解中医、道、佛关系，进一步体会稻盛的阿米巴经营哲学；感谢积分管理创始人李荣老师、得分制创始人姚前进老师，让我想到了用积分落地经营哲学，结合我17年的信息化管理经验，设计出了"员工行为数字化"云平台。

七、作者履历

2004年开始从事信息化管理应用工作，陆续实施过SAP、用友、鼎捷、正航等多种品牌系统，服务企业超百家，任多家企业和商会咨询顾问。

2010年在清华大学出版社出版《图解ERP——轻松跟我学企业管控》一书，通过漫画风格，宣传普及ERP管理模式原理。

2016年在清华大学出版社出版《图解ERP——轻松跟我学企业管控Ⅱ》，通过漫画风格，将管理咨询（企业文化、目标管控、绩效、ISO、精益等思想方法）和管理软件（PDM、ERP、OA、HR、MES、CRM、BI等管理工具）相融合，形成一体化管理体系，总结落地执行步骤。

2017年开始，为使ERP操作落地更简单，开创性设计出全方位一体化管理平台（把SOP、规章制度、培训手册、体系文件、岗位职责等巧妙地嵌入ERP系统中）；让管理标准化传承简单、易懂、可执行。

2018年，全国首创开发出"员工行为数字化"平台，把阿米巴、OKR、PDCA、行为积分、组织驱动机制、KPI等体系融合在一起，为绩效考评提供综合数据支撑，让管理落地简单、易懂、可执行。获得2项国家发明专利。

2020年，针对中小工业企业，开发简单实用的云车间、云供应链平台，让小企业也能实现智能制造。

目 录

序言 / 001

第一章 一个"疯子"带着一群"傻子"的故事 / 001

一、华为：一个"疯子"带着一群"傻子"的故事 …………………………… 003
二、学习比创新更重要 …………………………………………………………… 005
三、建立情报系统是最好的学习 ………………………………………………… 006
四、落实从团队会议开始——让员工动脑 ……………………………………… 007
五、企业高速成长背后的秘密 …………………………………………………… 009

第二章 从设计一个好的团队结构开始 / 011

一、成功团队领导人具备的特性 ………………………………………………… 013
二、运营委员会机制 ……………………………………………………………… 015
三、角色认知——洗脑 …………………………………………………………… 017
四、劳动者、一般奋斗者、奋斗者 ……………………………………………… 019
五、内部PK、裂变结构 …………………………………………………………… 021
六、铁三角+平台支撑 …………………………………………………………… 023
七、好团队结构的几个关键点 …………………………………………………… 025

第三章 制定一套组织驱动机制 / 027

一、价值阶梯——画饼 ······ 029
二、任职资格评估 ······ 031
三、机会牵引 ······ 033
四、价值评估 ······ 036
五、价值分配 ······ 040
六、人才发展双通道 ······ 043
七、职业生涯激励机制 ······ 047
八、业务人员还可以这样培养 ······ 048

第四章 股权——高、中层激励 / 049

一、股权激励的目的 ······ 051
二、如何选择合适的合伙人 ······ 052
三、常规的股权激励形式 ······ 054
四、股权激励的实际应用逻辑 ······ 056
五、推行股权激励的注意事项 ······ 057

第五章 阿米巴——中层激励 / 059

一、阿米巴来源 ······ 061
二、阿米巴原理 ······ 064
三、组织设置和定价 ······ 066
四、经营结算表 ······ 069
五、经营哲学 ······ 071
六、案例分析 ······ 074
七、总结 ······ 080

第六章 行为积分——基层激励 / 081

一、积分管理原理 ······ 083
二、制度梳理 ······ 087

三、分值划分方法……090
四、奖惩单执行方法……092
五、表彰会执行案例……093

第七章 战略目标执行 / 097
一、战略目标及行动方案……099
二、分工执行 PDCA……103

第八章 企业管理整体框架和落地步骤 / 105
一、企业管理体系框架……107
二、绩效激励体系框架……110
三、绩效激励难落地原因……114
四、管理体系落地步骤……118
五、营销中心薪酬绩效激励方案……122

第九章 巧借信息系统落地管理 / 127
一、第三代信息系统特点……129
二、管理标准化……133
三、实施落地方法……151
四、中小企业信息系统设计定位……155
五、战略目标及分解执行……156
六、阿米巴独立核算……161
七、行为积分激励……168
八、能力分评估……171
九、KPI 和价值观评估……173

第一章

一个"疯子"带着一群"傻子"的故事

一、华为：一个"疯子"带着一群"傻子"的故事

二、学习比创新更重要

三、建立情报系统是最好的学习

四、落实从团队会议开始——让员工动脑

五、企业高速成长背后的秘密

本章导读

通过分享华为的一些故事，让我们领略驱动激励机制的强大力量，感受为何说学习比创新更重要，如何建立情报系统，如何开会，如何让员工主动动脑……最后揭秘企业高速成长背后的驱动激励机制——要先从设计好的组织结构开始。

一、华为：一个"疯子"带着一群"傻子"的故事

150平方米破厂房——喊超越爱立信

组织开始了

一个"疯子"带着一群"傻子"

很多人都知道任老的创业初期故事，一个人带着父母兄弟姐妹在深圳住棚屋，厂房面积150平方米，没有资本（初期已经被骗200万）、不懂技术、没有市场经验。技术骨干埋头苦干的时候，他只能帮骨干煮面条。就在这样的环境下，任正非却带着员工整天喊着口号——超越爱立信。于是战略方向确定了，组织目标明确了，组织开始了！一个"疯子"带着一群"傻子"的故事也就开始了！

故事1　有驱动机制——就可以超越别人

有个业务干将，超额完成30%业绩，好的订单、不好的订单都接，甚至让客户把竞争对手的设备给拆了！任正非知道后急了，批评这位干将，这样竞争对手没法活了！

故事2　驱动机制——让员工为客户彻底解决问题

客户设备坏了，原因是线断了，爱立信的管理制度是修好一次2000元提成，而华为的做法是仔细分析原因。为何断？→结论是老鼠咬的！→然后设计老鼠咬不断的线，并且给客户全部换掉！→结果老鼠再也不咬华为电线。客户那里就只有华为和爱立信的产品，于是老鼠只能咬爱立信的线了。

故事3　驱动机制——激发锲而不舍的狼性精神！

一个业务经理想做一个客户业务，客户高管怎么都不愿见他，因为看不上华为产品。后来业务经理通过高管助理打听其行程安排，连续买了9次机票，都跟高管挨着

座位。飞机上几个小时浪费也是浪费，也就顺便听听业务介绍当打发时间，结果听后发现还不错，后来达成合作。

故事 4　驱动机制——拔苗可以助长

任总到哪里外出总带着助理，目的是把助理培养成副总。

故事 5　驱动机制——让员工何等勇敢

中东打仗，别的国家撤员，任总想到的是通信设备不能出问题，否则老百姓会遭殃。办公室墙被打出很多孔，就用钢板把墙围起来办公，一层被子弹打穿，就又围了一层。

故事 6　驱动机制——前面冲锋，后面有炮火支援

谈一个新客户，客户要看案例，但是第一次做，没有案例。大家商量后让业务先跟客户说有，看案例时间约在一个月后。然后动用全公司力量，率先在"某城市磁悬浮"上获得成功应用。

决不让雷锋吃亏！倡导雷锋精神！

不谈钱、只讲雷锋、做事！
一旦完成，事情做好了，决不让雷锋吃亏！

二、学习比创新更重要

（一）战略得不到执行的首要原因——战略不清晰

1. 高层间不能达成共识。
2. 员工和高层没有达成共识。
3. 大部分管理者缺乏意愿或技能，无法根据战略来管理并辅导员工达成绩效。
4. 激励和战略没有结合到位。

（二）学习最大对手可以让你对战略很清晰

商业模式绝对不是在课堂上学出来的，而是边打边琢磨出来的。比琢磨更快的方法就是学习。而最有用的学习就是情报，建立情报系统，直接获取情报。

腾讯学ICQ，百度学谷歌，总之学习最大的竞争对手。任正非都说，创新成本太高了，我们就学习别人吧。

先学习爱立信，最后结果是超越了爱立信；然后学思科，最后结果是超越了思科；后来学苹果，做到了销量超过苹果。还记得就在美国动用国家力量封杀华为的时候，任正非接受了采访，说苹果是我们的老师，华为是苹果的学生，学生怎么能不尊重老师呢？我们不怪美国，我们理解美国企业，一些美国伙伴也在想尽方法帮助我们！

（三）高处不胜寒，成立蓝军

任正非极其重视蓝军。在华为，要想升官，必须先到蓝军去，站在客户和竞争对手的立场挑刺，审视华为，不把红军打败就不要升司令。红军的司令如果没有蓝军经历，也不会再得到提拔，因为你都不知道如何打败华为，说明你已经到天花板了。

华为的组织驱动激励机制，让华为先后战胜对手也是学习的对象——爱立信、思科、苹果，于是不知从哪里冒出这样一个段子，当美国封杀华为的时候，任正非喊出了新的学习口号——向美国学习！

——— 向美国学习 ———

回顾我们自己的企业呢，员工不学习。而老板呢，整天喊口号，就是不执行。

三、建立情报系统是最好的学习

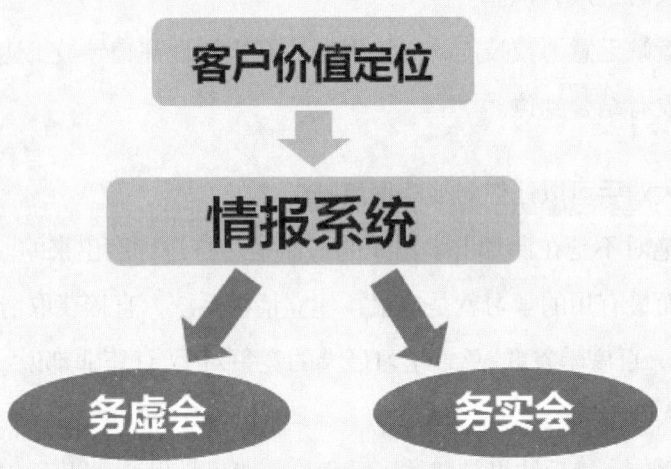

建立情报组织——敏捷组织

建立情报组织，推动所有人员收集情报，所有出差人员，回来填写一个表（情报表）。收集情报，只说看到的、表面的、不需要决策的，让高层看到现象，达成共识，来决策。让团队像生物组织——大雁，每个人都在感知信息、传递信息——哪里有吃的。每个人都在推动决策，形成敏捷组织，让前线听得到战火，可以呼唤炮火。

任正非说黑天鹅要在我咖啡杯里飞，常陪客户、专家喝咖啡，直接了解前沿信息。如学习爱立信（假设性的举例），直接请爱立信的管理顾问过来，直接问顾问以前给爱立信怎么做的。

以前大鱼吃小鱼，现在快鱼吃慢鱼，如西贝餐饮，快速转型把员工外包。

四、落实从团队会议开始——让员工动脑

（一）开会注意事项

1. 务虚会——务实地开：用数据说话，如财务数据、客户数据、业务数据、内部管理数据等，但是没有结论。

2. 务实会——务虚地开：目的落地，老板少说话。老板只说方向，只提目前的担忧，让下属想方案，下属自己拿的方案就容易落地。如果老板指挥员工做什么，每个部门该承担多少业绩，员工听着也不敢说话，老板强压下去的也不是下属自己的心声目标。对公司到底怎么管，让员工自己说，因为老板自己想不全，下属还会嫌烦。

（二）目前企业会议习惯

1. 老板问某件事现在怎么样了？
2. 然后责怪为什么会这样？
3. 结果员工相互推卸责任？
4. 最后老板指导员工怎么做？

这样会议习惯的结果：没有让员工动脑；老板反过来又嫌员工不动脑。应该让员工出主意，老板仅仅是打钩选择。我曾经在一个客户总经办门上贴这样几个字"请先敲门，问题自带解决方案"。

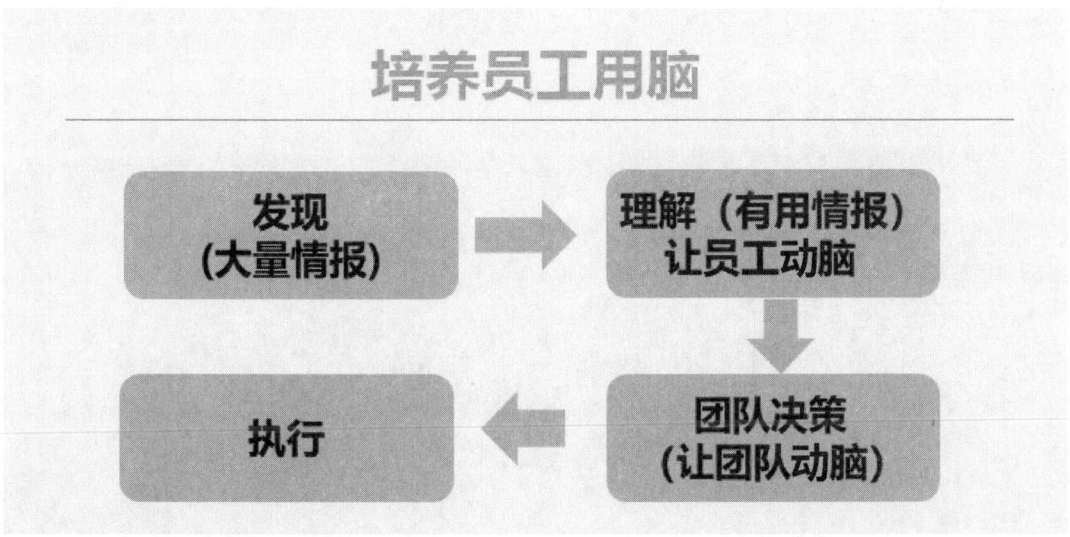

（三）培养员工用脑——实践

华为有个任正非研究生班，每年选2位员工，培养成副总裁。培养的方法就是跟

着任正非开会，把老板说的话（会议记录、问题、方案等）记录下来，跟老板汇报。

（四）开会内容

开会内容如图，学习过平衡计分卡的人会发现有些眼熟。平衡计分卡就是KPI考核指标梳理，考核就是围绕服务股东、服务客户、内部运营，以及学习、信息系统、组织几个方面展开的，也叫战略地图。既然考核是围绕这个方面开展，开会的内容当然也是从这些角度去展开。具体会议怎么落实，在后面的目标落地章节再继续讲。

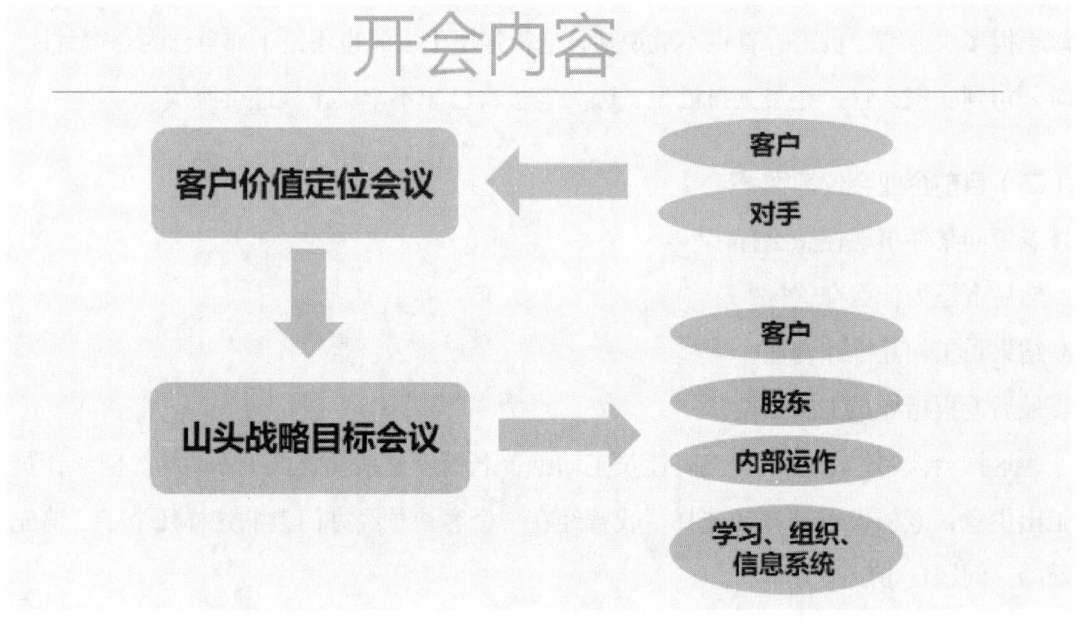

五、企业高速成长背后的秘密

企业高速成长的根本

1. 高速成长的要点：让客户给钱。
2. 客户给多少钱的要点：真正满足客户需求。

结构——>趋势——>现象

事物结构决定了该事物的发展规律（趋势），也决定了未来该有的现象。企业管理也是，组织结构机制决定了该企业的发展趋势，最后的结果仅仅是可预知的某种现象。

企业根本——结构设计

张一鸣：我把企业这个产品设计好了

任正非：我们的主要责任是布阵点兵

字节跳动的创始人张一鸣讲，要把企业这个产品给设计好了；华为任正非说我们的主要责任是布阵点兵。

第二章

从设计一个好的团队结构开始

一、成功团队领导人具备的特性

二、运营委员会机制

三、角色认知——洗脑

四、劳动者、一般奋斗者、奋斗者

五、内部 PK、裂变结构

六、铁三角 + 平台支撑

七、好团队结构的几个关键点

本章导读

好的企业先从一个好的团队组成开始，先有好的基因，再靠外在的激发。通过回顾"唐僧团队""刘备团队""宋江团队"故事，得出启发——领导人应该具备哪些特性，以及团队成员应该是互补型团队。所谓团队就是一群有缺陷的人在一起互补，因为缺陷、特长明显，所以每个人只能团结合作，直接断了单打独斗的幻想。

然后用运委会机制构建自运营团队，为了让团队相互配合，用角色认知游戏去洗脑；为了让团队稳定，构建内部 PK 和裂变能力的团队结构；为了让工作更顺利完成，搭建铁三角组合和整体平台支撑架构。

好团队还应该具备几个关键因素：组织要下沉、负能量要压制、打造积极向上的内部环境、包产到户的力量、双创的力量、干股的力量。

一、成功团队领导人具备的特性

唐僧团队： 靠唐僧的人格魅力和执着精神，选择了三个本事、品行、性格各异的徒弟，组成了最佳的互补型的团队。

唐僧——方向感很强，什么都不会，无实质性指导工作，还总制造麻烦。

孙悟空——能力、执行力很强，但是急躁。

猪不戒——好吃懒做，但情商高，让大家开心。

沙和尚——任劳任怨，不说话闷着干，但无太大本事。

从唐僧团队可以看出明显特点，每个人的能力、性格、特长完全不同，正是因为都不可替代，所以更容易团结，不容易因为意见不合而争论，也不容易因某个人能力太强而单飞。唐僧团队结构可以看作是小微企业的代表，老板直接管理，有能力强的，也有能力差只认真闷头干活的，也有没什么能力可以活跃团队氛围。

刘备团队： 以刘备的人格魅力、诸葛亮的管理指导以及刘备对诸葛亮的支持与信任，聚集了最好的文官武将，从小的家族企业发展为大型公司。

刘备——很早就成立了团队，建立了项目目标，然而却一直不能实现。

诸葛亮——入驻项目团队后，清晰地分析了当前的形势，为刘备做了完善的项目规划，使得这个团队既有了大方向，又有了具体可行的方案。

项目人员——也很团结一致，尽心尽力。

三国时代是创业者的黄金时代——开放的市场环境、大量的商业机遇、层出不穷的人才，涌现出了一批批刘备、孙权、曹操这样的建功立业者，也造就了诸葛亮、周瑜、司马懿这样的高级管理人才。

宋江团队： 宋江以仁义和替天行道精神，把一帮"乌合之众"培育成可和朝廷抗衡的梁山大军。团队高级人才很多，但可惜生不逢时，缺乏战略和管理方法，最后还是以失败告终。

（一）失败原因分析：

1. **战略不对：** 北宋官场高度腐烂，皇帝昏庸无道，且未代表广大农民利益解决土地问题。仅靠劫富济贫、替天行道，以一个地方势力对抗皇帝的全国势力，生不逢时，成不了气候。

2. 目标不明确不坚决：实行修正主义的投降路线，始终以接受招安为目的，反贪官不反皇帝，有着愚忠的思想。
3. 缺乏智囊指导和管理：梁山团队武将众多，意气用事，冲动蛮干，缺乏高级管理人才。
4. 没有高度团结：有坚决造反的李逵、鲁智深，也有中间妥协派别的卢俊义，关胜等人。

（二）从三个团队看领导者的成功之处

唐僧： 看似平庸，却**大智若愚**，没有能力，但**方向坚定清晰**。

刘备： 有一颗**谦卑之心**，**善于倾听**，**沟通能力好**，有出色的**人际关系**，让几位兄弟死心塌地跟着他。

宋江： 靠**仁义**和**替天行道**的精神，聚集了一帮"乌合之众"。

马云： 自己不懂互联网，创始成员刚开始比他还不懂互联网，能给员工"**吹牛**""**画饼**""**洗脑**"坚持16年。

任正非：用他幽默的话讲"自己当初不知道怎么回事，朦朦胧胧地踏上了'通讯'道路，乘上时代快舟，伴随大浪激流前进，当然自己也是划了桨的"。

提以上案例主要是想说"业务""技术""管理"都不是阻挡"作坊企业"成为伟大企业的障碍，主要靠企业领导人的**战略方向**、**人格魅力**和**用人方式**。

（三）请老板们记住下面5句话：
1. 战略目标一致——团队成员目标明确，执行路线、计划、方针确定。
2. 领导带队协调——领导能充分授权团队成员，积极采纳意见又能坚持原则。
3. 从自身人格魅力做起，学习传统国学（如《道德经》）。
4. 调整为互补团队，让大家从根本上团结、互补、互助。
5. 不要再埋头钻研产品了，从技术达人转变成激励专家。

（四）如何判断团队成员的性格、能力搭配
1. 相信传统国学的人看这里：找懂《易经》的人，用手机App，根据生辰八字，可以快速判断是否搭配。
2. 不了解国学的人看这里：根据血型或者性格类型判断，有专门性向测试题，花一些时间去做题，最后判断其性向属性，具体问百度。

二、运营委员会机制

以目前公司的文化氛围，员工的潜意识中他们在为谁工作？

大多数企业员工的潜意识中肯定以为自己是在为老板工作。因为平时是老板或总经理在主持管理工作，老板有君主思维，所以各个部门的工作就是怎么服务好老板，而不是服务好客户。

如何让整个团队有使命意识，能够带着公司的使命（即企业文化）去服务客户，而不是服务老板？此外，部门与部门之间也是服务关系，这种服务的职责也要明确出来，并且配上量化衡量数据（KPI+角色认知打分），来看看华为的运委会机制。

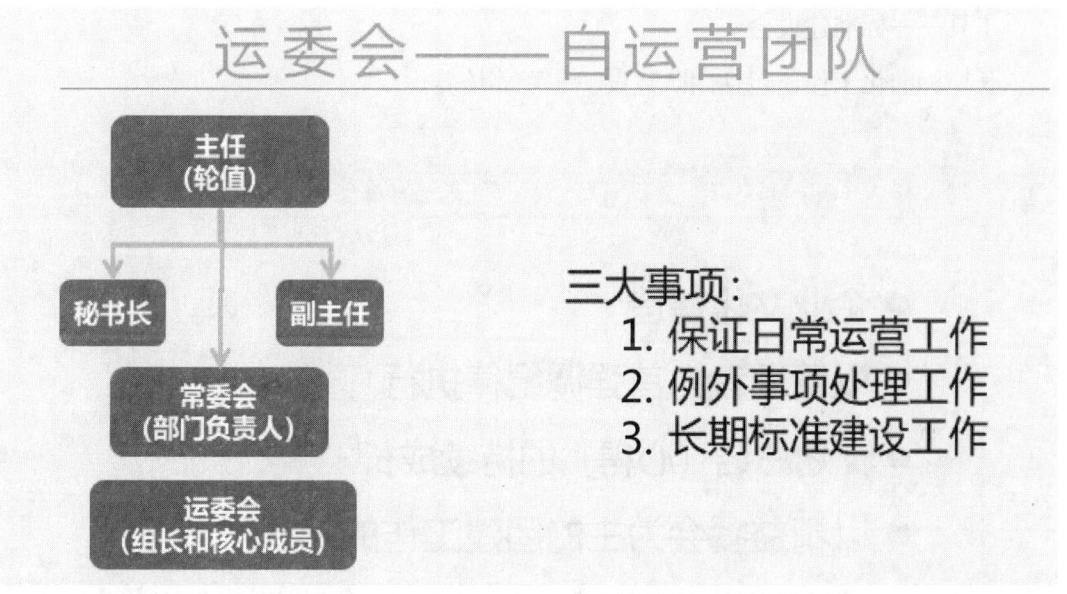

运委会的目的是建立团队自运营机制，负责公司的日常运营管理，把老板解脱出来，老板只负责战略层面的把控。运委会相当于把几个部门负责人聚合成利益共同体，每个人对团队负责，而不是对老板负责。当某个成员不负责任的时候，自然会受到其他成员的排挤。具体方法是把几个部门负责人组合成一个运委会，主任采用轮值方式，如按季度轮值。

运委会主要负责如下三类事项：

1. 日常事项：完成当下经营目标的运营事项及其解决办法。
①总结奖惩；②经营分析；③目标计划。

工具——经营分析会

　　做目标总结的时候，运委会成员（部门负责人）之间互评，定目标的时候也是大家一起讨论协作定目标。

2. 紧急例外事项：保证日常事项完成的应急事项及其解决办法。

　　直接面对客户和员工的业务和管理方面的疑难杂症和应急事项。

　　工具——专项研讨会

3. 长期标准化：为企业未来做强做大经营目标实现的准备工作应该做的事项及其解决办法。

　　生产、研发、采购、仓储、物流等部门的业务流程和标准制定出来保证工作效率提高。

　　工具——标准建设会

　　长期标准化工作还包括团队建设——素养培养。

运委会——素养培养

- 企业文化塑造
- 以管理者为首强调纪律执行
- 计划总结（心得）的持续成长
- 以精益餐会为主的团建工作的团队打造工作
- 让现场物和环境做到"有名有家有责任人"
- 企业员工成长训练工作

三、角色认知——洗脑

运委会建立了团队配合服务客户机制,如何让这种服务意识加强或保持呢?

这需要不断地洗脑,老板都擅长洗脑、画饼,以至员工都很反感——老板又给我们洗脑、画饼了。洗脑、画饼都要讲究艺术,华为把洗脑叫"角色认知",把画饼叫"价值阶梯",来看看它怎么玩的吧!

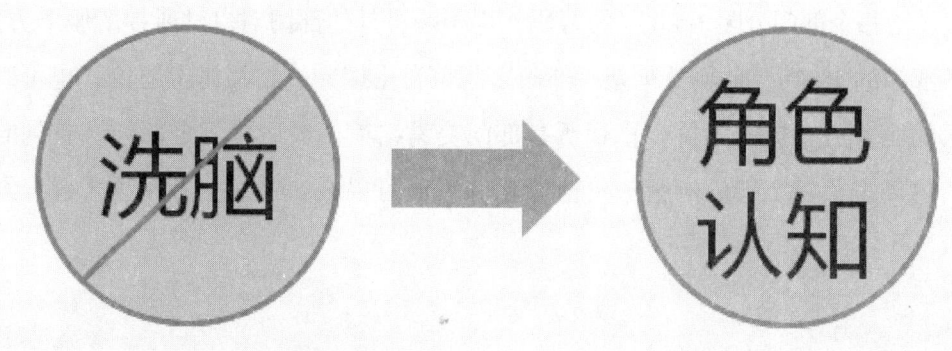

步骤一:

各个部门之间相互提要求,对各个部门的不满、抱怨、要求都罗列出来。

步骤二：

每个部门整理出其他各部门对本部门提的要求（如前图左边表格）。贴在墙上，各个部门都仔细看一遍，是否有理解偏差。

步骤三：

针对其他各部门对本部门提的要求，编写解决方案（如前图右边表格）。贴在墙上，各个部门都仔细看一遍，对解决方案是否满意。

步骤四：

假设给每个部门分配1000万的筹码，用于购买其他部门对自己所提的服务方案。要求各部门的1000万必须要花光，部门之间可自由谈判、相互讨价还价，也可以推销自己的服务方案提升卖价。直到所有部门交易结束，最后看每个部门谁收到的钱最多。这体现了每个部门的服务价值量化。后面可以跟KPI结合，用于干股分红的依据。

四、劳动者、一般奋斗者、奋斗者

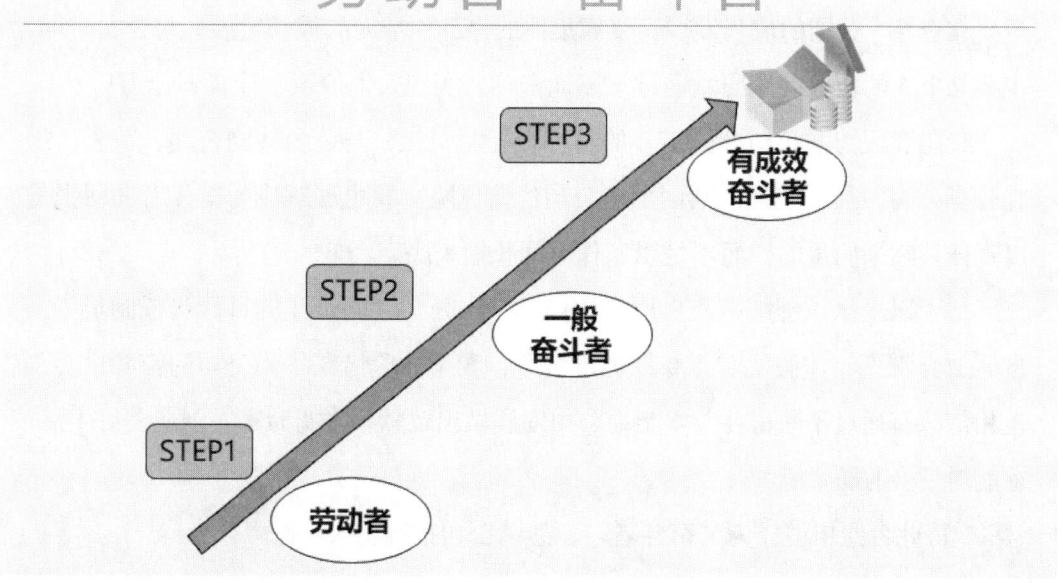

以前在学校的时候，班级分为普通班和重点班。重点班的人自然感觉自豪，普通班对重点班的人也会产生敬畏之心。就像军队分为党员、团员等，党员数量是有限的、稀缺的，入党需要写《入党申请书》。企业组织也是一样，可以分为劳动者、一般奋斗者和奋斗者。

奋斗者是指可以跟公司老板一起奋斗的人，看重长期利益，具备坚强意志。

机会是有限的，进入需要写《奋斗者申请书》。

奋斗者申请书

以客户为中心，以奋斗者为本，长期坚持艰苦奋斗是华为的胜利之本。二十多年来，公司从小到大，靠的是奋斗；从弱到强，靠的也是奋斗；未来持续领先，更要靠奋斗。公司的成长发展，要靠集体的奋斗；个人的成长发展，与公司一样，也要靠个人的奋斗。我愿意通过不懈地奋斗，实现人生价值，让青春无悔！

我愿意成为与公司共同奋斗的目标责任制员工，与公司共同奋斗、成长，一起分享公司发展的成果，共同承担公司经营风险。我也理解成为奋斗者的回报是以责任贡献来衡量的，而不是以工作时间长短来决定。

基于以上认识理解，我自愿申请成为"与公司共同奋斗的目标责任制员工，自愿放弃带薪年休假及非指令性加班费"，我十分珍惜在华为公司的奋斗机会，也相信只有通过不断奋斗，才能为公司发展做出贡献，才能为家人创造美好生活，才能对社会有所贡献。

特此自愿申请成为"奋斗者"，恳请公司批准！

申请人：
申请日期：

五、内部PK、裂变结构

老板指派员工打江山的结果！

失败了——骂他一顿，他有很多理由！

成功了——恃宠而骄，图谋造反，将强兵弱！

老板委托一个人帮老板干事业，这个事业干成的概率大，还是干失败的概率大？他干失败了结果是什么？干成功了结果是什么？

答案是肯定的，失败概率大，成功概率小，否则人人都可以创业做老板了。那么问题来了，如果他失败了，你能怎么办？只能大骂他一顿，处罚下。自己生很大气，问其原因，他只会给你一堆理由。那如果他成功了呢？你肯定会经常表彰他，表彰多的结果是——恃宠而骄。他辛辛苦苦帮你打下的江山，能力和资源都起来了，如果报酬给得少了，表彰不到位了，他心理自然不平衡（心理不平衡、贪欲、自私是人的本性），结果就是出去另立门户了。刚创业肯定很艰苦，需要团队、资金、业务、技术，这些资源他首先会想到从哪里搞啊？哪里最熟哪里搞嘛！最终你培养了一个专挖自己墙脚的竞争对手。

让组织不依赖某一个人

一个司令有三四个军
一个军有三四个师
一个师有三四个团
一个团有三四个营

军队管理早就给了我们经验借鉴，永远不能相信某一个人，必须是三六九的模式，要构建内部 PK 机制，要让中层有危机感（见组织驱动机制章节）。即使再小的公司招聘业务团队，至少要有三个人，而且还要分为三个小组，即使每组一个人，三个月（试用期）后不能完成任务的立即解散，接受其他组收编，如果没有组愿意收编，那只能走人。

另外还要构建裂变机制，利用人的私欲、贪欲，让中层愿意培养下属，让下属分裂出去形成子公司（见组织驱动机制章节）。

六、铁三角 + 平台支撑

前线铁三角打配合　　　　　　　　后方平台支撑

辽宁黑山的故事

交换机质量不好，被雷打坏了。销售晚上打电话给技术部，判断来不及修；打电话给服务部，沈阳还有库存。他半夜打车送过去并进行替换。换下来坏的设备很重，为了不让客户领导和对手第二天知晓此事，临时挖坑给埋掉了！

上述事件对一些公司而言是多么的熟悉。如果发生在一般公司，每个人都可以选择不做，因为下班了。反过来如果每个人都做一点点，就可以服务好客户，营造口碑，得到更多订单。那么为何他们三个部门之间会配合得如此默契呢？答案是搭建了"铁三角"团队结构。

共同目标明确了

打配合

让目标完成得更简单

相由心生、心想事成；以胜利为目标，合作开始，愿望就实现了。

港湾网络公司的故事

内部出现了叛变人物，出去单干开办了"港湾网络公司"。刚开始公司成立"打击港湾办公室"，没找到方法，只是一味地与其竞争一些小项目，几年下来没效果。后来重新成立"打击港湾大平台"。用最专业的谈判团队、最专业的解决方案、最优价格、即使白送也要打击港湾！

带客户来总部参观的故事

某客户单子总拿不下来，任总说你负责想办法带老外来一趟总部。来了以后总部安排接待，以让客户签订订单交钱为目标，要求各个部门认真服务好客户。老外原本计划去竞争对手那里顺便来看看的，最终让客户没有时间再去看对手的产品了。

平台化组织的力量

平台化组织

为每个人提供支撑

有大量的能力支撑体系

构建能力支撑体系

华为有"重装旅"，一旦有项目，重装旅出面支持，项目越重要，支持越多。

前线铁三角配合，后方有平台支撑，其实很多公司都是这样的搭配。逢阿米巴必讲的韩都衣舍也是这样，前面搭伙服务好客户，后方重点做全网营销支持。

任总还有一句话：让前线听得见炮声的人来指挥炮火，但是炮火要计入成本。

七、好团队结构的几个关键点

1. 组织要定期画饼——组织驱动机制（价值阶梯、机会牵引）

2. 干股的力量——股权

3. 组织要下沉——阿米巴

　　1个人只能管7~10个人，间接管理20~30人，只要有10个人，就把它变成一个可独立核算的组织。

4. 包产到户的力量——阿米巴

5. 双创的力量——价值分配

6. 打造积极向上的内部环境——行为积分、价值观

7. 负能量要压制——行为积分

　　大多数人只关注绯闻，正能量很难放大。

第三章

制定一套组织驱动机制

一、价值阶梯——画饼

二、任职资格评估

三、机会牵引

四、价值评估

五、价值分配

六、人才发展双通道

七、职业生涯激励机制

八、业务人员还可以这样培养

本章导读

上一章讲解了团队结构设计，从根本上解析自运营高绩效团队。本章从驱动机制角度，建立一套可以让团队自我向上发展、奋发拼搏的驱动机制，这就是华为的价值阶梯、任职资格、机会牵引机制，同时可以借鉴下价值评估和价值分配方法。注意，市面上比较热的阿米巴、OKR、行为积分到目前还没有涉及，可见机制的重要性要高于它们。

一、价值阶梯——画饼

（一）画饼的艺术——伟大荣誉和一生幸福

所谓伟大荣誉和一生幸福，就是退休后能在院子里给子孙讲故事。这是最高境界的憧憬，什么样的房子才能有院子啊？在深圳那种地方，这样的房子得有雄厚的物质基础支撑吧，讲故事，普通人只能讲讲童话故事，如果讲自己当年在中东是怎么在枪林弹雨中帮助中东国家建立通信网络的；讲如何克服重重困难把通讯设施建立在最高的珠穆朗玛峰上的；讲如何和外国客户一起睡过棺材、睡过沙漠的；如何把产品打入欧美国家的；如何从一个150平方米厂房的公司超越爱立信、思科的。最牛的故事是怎么和同事一起并肩作战顶住美国举国之力打压的……

让讲不完的故事、吹不完的牛、说不完的传奇……陪伴子孙长大，给子孙哺育买不到的精神食粮，你就是子孙中的英雄……

（二）价值阶梯

如何实现伟大荣誉和一生幸福呢？公司给员工规划了职业生涯通道。它就像一个天梯，分为很多等级，它可以让每个人清晰地知道自己给公司以及自己实现了多少价值，自己处在阶梯中的哪个位置，身边的同事都分别在哪个价值级别。注意了是价值级别，而不是官层级别，衡量的是公平的价值等级，而不是封建阶层，对所有人公平、公正、透明。

价值阶梯以及另外一套牵引机制，鞭策着每个人努力往上爬。

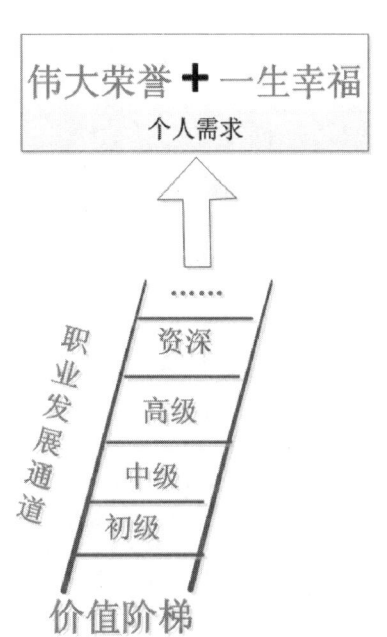

（三）公司目标和个人目标

对公司来说，目标就是胜利。对个人而言，目标是为了实现伟大荣誉和一生幸福。这两个目标不但是对等的，而且只有员工实现了个人目标，才能实现公司的目标。不存在个人目标没有实现的时候，公司目标却实现了。

注意站在胜利的角度（而非活得安逸角度），在某个特定的时间内，营业额、占有率、技术必须要超过爱立信、思科的情况下，任老强调公司和员工之间是合作关系、劳务关系，不强调家文化。员工就是要跟公司达成合作、共赢，实现彼此共同的目标，否则就不要签订劳务合同，换其他可以共赢的人。

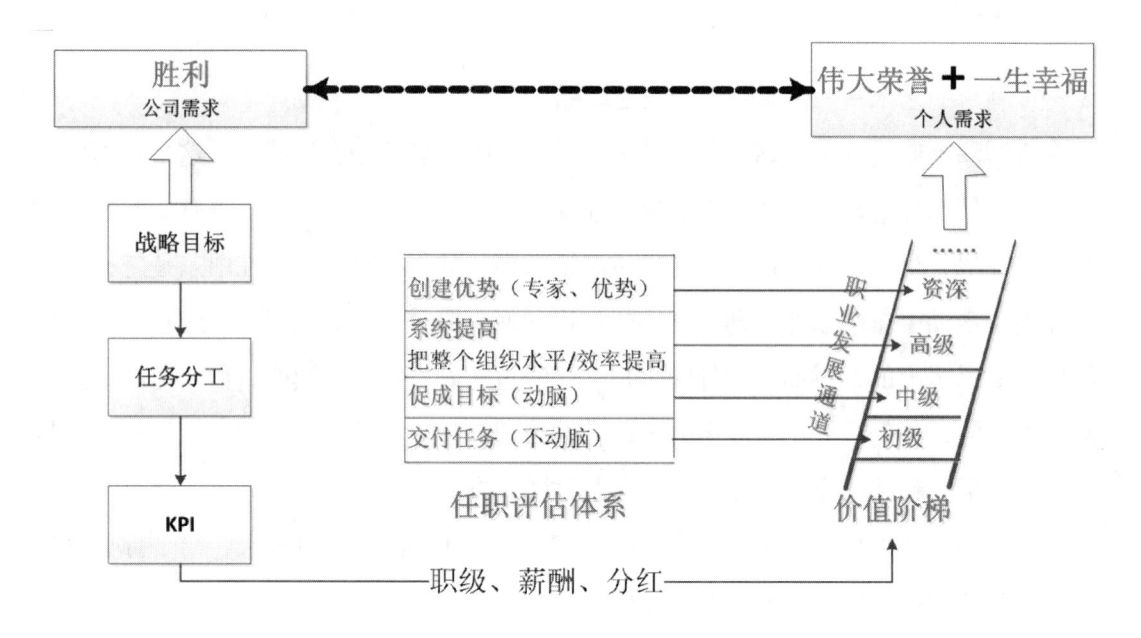

```
    ┌──────────┐                              ┌──────────────────┐
    │   胜利   │ ←----------------------→     │ 伟大荣誉 ＋ 一生幸福 │
    │ 公司需求 │                              │    个人需求      │
    └──────────┘                              └──────────────────┘
         ↑                                            ↑
    ┌──────────┐                                      
    │ 战略目标 │                                      
    └──────────┘                                      
         ↓                        ┌─────────────────────┐      ┌──────┐
    ┌──────────┐                  │ 创建优势（专家、优势）│ ─职─→│ 资深 │
    │ 任务分工 │                  │ 系统提高            │  业   │ 高级 │
    └──────────┘                  │ 把整个组织水平/效率提高│─发─→│      │
         ↓                        │ 促成目标（动脑）     │ 展   │ 中级 │
    ┌──────────┐                  │ 交付任务（不动脑）   │ 通   │ 初级 │
    │   KPI    │                  └─────────────────────┘  道  └──────┘
    └──────────┘                       任职评估体系              价值阶梯
         └───────────职级、薪酬、分红─────────────────────────────↑
```

二、任职资格评估

价值阶梯如何划分等级，这就是著名的任职资格评估体系。为了总结该体系，任老煞费苦心，学习 IBM、波音等很多知名企业，始终没有看到满意的方案。最后到英国一个某工业组织，看到了满意的方案，拿回来应用，又经过两年的精简，总结出了任职资格评估体系。我们一起来领略下它的精髓之处。（注意，千万别照葫芦画瓢，别教条硬搬）

```
资深——创建优势（专家、优势）
高级——系统提高（把整个组织水平/效率提高）
中级——促成目标（动脑）
初级——交付任务（不动脑）
```

如把员工分为初级、中级、高级、资深四个等级。

初级就是完成任务，不用动脑。

1. 让他写 PPT，他只要写出 PPT 即可，不要指望写得怎么多好，他就是初级水平。
2. 让他订个票，订到就订到，订不到也不需要他去想办法通过其他途径订票。
3. 让他订会议室，只订有空余时段的即可。
4. 让他发个通知，仅仅就是发个通知。

中级是要促成任务完成，要动脑。

1. 写 PPT 要怎么写得通俗易懂。
2. 订票订不到要想办法找其他途径达成目的。
3. 会议室订不到，要想办法跟其他人去协调。
4. 发个通知要想办法怎么通过多种途径发出去，目的尽可能确保所有人都能收到通知。

高级是要把整个团队整体水平提高或者效率提高。

1. 写 PPT，不仅仅是写得好，还要想办法教会团队其他成员提高 PPT 水平。要想到把 PPT 保存为模板，以后方便其他人借用提高效率。
2. 订票要想到如何提高订票效率，如把一些好的订票方法和途径收集到，甚至写好操作手册，供团队成员方便使用。

3. 订会议室，引入 OA 会议室管理系统，方便大家在线预约，提高整体效率。

4. 发通知可以建立微信群聊，甚至在微信群聊中设置跟进功能，自动叮嘱未点击通知的人，以提高办事的效率。

  资深就是顶级专家，不可替代，只有他可以做。

1. 会使用 PPT 中的高级技能。
2. 认识订票渠道，可以拿到特价票。
3. 会在企业微信中开发会议室预定功能（纯属打比方）。
4. 会在钉钉、企业微信中使用、开发更高级的通知功能（纯属打比方）。

三、机会牵引

（一）建立机会牵引机制

价值阶梯搭建好后，就该思考如何鞭策员工必须往上爬。因为只有大家往上爬了，才能实现公司目标，所以需要建立一套机会牵引机制。（还是那句话，供参考，不要生搬硬套，要选择跟自己的目标、企业规模和管理阶段相匹配的方法。）

机会牵引

高层：使命感，具有刚强意志

中层：危机感，选拔＋内部顶替

基层：饥饿感，拉开差距

1. 高层：使命感，具有刚强意志

高层不是培养出来的，是天性的。靠招聘，而不是培养，也不是激发，激发也激发不出来。他们追求的是长期利益，可以跟公司一起担当责任。

据说（当故事，别当真），余承东以前是做老师的，领导讲他一辈子也只能做老师了，为何？因为他这个牛脾气在外面根本就没法找到工作，跟同事没法相处，很难有人能够忍受他这个牛脾气的，可见他脾气是多么的倔强。

据说（当故事，别当真），徐直军好像是少了一根手指头，据说是因为发过誓考不上清华大学就砍掉自己手指头。

讲这两个故事，是让老板们铭记，高层是选拔来的，不是培养出来的。选拔的标准就是判断其是否有钢铁般的意志。

2. 中层：营造危机感，选拔＋内部顶替

中层要有危机感，清朝灭亡是因为闭关锁国，封闭就会愚钝、落后。

闭关锁国的道理告诉我们要敞开大门，引入竞争。其方法就是加大招聘流动，积累储备人才，让中层去面试，让中层知道山外有山、人外有人。HR已经储备大量高级人才，如果自己不努力，将随时会有被替代的可能。

内部也要形成顶替牵引机制，如设置正级、副级、预备役、积极分子，让干部知道，自己后面还有很多随时可以顶替上去的人才梯队。要不想被顶替，只能时刻保持努力、奋斗。

3. 基层：营造饥饿感，拉开差距

给基层员工营造饥饿感，把火车头加满油，尽可能使他们的收入拉开差距。差距是人奋发努力的动力源泉。使劲给优秀员工多发奖金，计件单价给高效率的人更高，让能力差的人收入更少，把差距明显拉开来。这个方法也叫劫贫济富，总的工资没有多发，只是把能力差的人的工资扣除，补给能力高的人。

（二）干部的使命与责任

干部的使命： 以文化和价值观为核心，管理**价值创造**、价值评价和价值分配，带领团队持续为客户**创造价值**，实现公司商业成功和长期生存。

干部的责任：

（1）抓业务增长：洞察客户需求、捕捉商业机会，抓业务增长。

（2）抓效率提升：开展端到端业务流程建设和管理改进，抓效率提升。

（3）抓能力提升：均衡开展组织建设、队伍建设和团队运作，抓能力提升。

（4）抓文化传承：传承和践行公司核心价值观，抓企业文化传承。

（三）干部的标准

干部标准是华为公司对干部队伍的核心要求和整体期望，作为人才管理机制中"人才需求及人才标准"的重要组成，是各项干部管理工作的基础。

支撑干部管理政策和策略的制定以及干部管理流程和解决方案的开展，牵引干部队伍匹配业务战略的要求。

干部标准框架	能力与经验（关键成功要素）	能力：支撑持续高绩效的关键行为 经验：成功实践
	绩效（分水岭）	基于责任结果的持续高绩效
	核心价值观与使命（基础）	践行并传承核心价值观 对华为的事业充满热忱和使命感
	品德与作风（底线）	商业行为中的道德操守

（四）机会牵引人才、干部能上能下

1. 机会牵引人才

（1）向有成功实践结果的干部，提供更有挑战的实践机会。

（2）公司视组织权力（不是权利）为一种可以分配的价值而把它当作比利益更重要的一种分配价值。

（3）给你个机会，你打下了50万的仗，再给你500万的机会，又打下来了，那再给你另外一个实践的机会。

2. 干部能上能下

（1）干部不是终身制，高级干部也要能上能下，在任期届满时要通过述职报告接受评议。

（2）降职的干部要调整好心态，正确反思，在新的工作岗位上振作起来，在什么地方跌倒就在什么地方爬起来。

四、价值评估

（一）奋斗者承诺书

针对奋斗者，考核指标就是"奋斗者承诺书"，该承诺书里标明自己承诺的目标，即要为公司实现哪些贡献；针对目标，还要罗列其行动方案，每个考核周期结束的时候，对照目标和行动方案进行总结考核。针对奋斗者用"自我批判"这个词，自我总结哪些已经达成，批判哪些没有达成，自己做深刻检讨、原因分析。

奋斗者承诺书

山头目标	承诺人	时间
1. 大力提升全员运行品质的意识	R: 王某 S: 李某	全年
2. 加大管理控制及考核的力度	R: 王某 S: 李某	12 月
3. 目标内容 3	R: 王某 S: 李某	全年
4. 目标内容 4	R: 王某 S: 李某	按项目计划进度

（二）KPI 考核

对一个人的评价最终汇聚到 KPI 上来，KPI 分为目标结果、实现过程、团队成长和个人能力成长四个部分。现在 OKR 这个词也比较热，我们不需要去纠结 OKR 是什么意思，可以通俗地把 KPI 理解为结果，把 OKR 理解为过程。我们既要考核结果，也要关注过程。结果部分不要罗列太多，一般 3~5 项关键结果类的指标即可，其他类主要放在价值观评估、工作量化、行为积分。

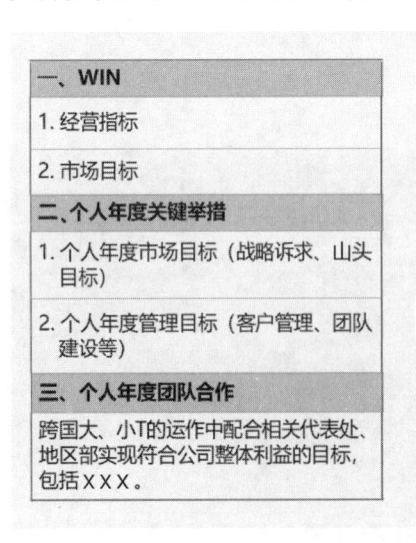

| 一、WIN
1. 经营指标
2. 市场目标
二、个人年度关键举措
1. 个人年度市场目标（战略诉求、山头目标）
2. 个人年度管理目标（客户管理、团队建设等）
三、个人年度团队合作
跨国大、小T的运作中配合相关代表处、地区部实现符合公司整体利益的目标，包括×××。 | ⇒ | 一、业务目标
关键结果性目标 - WIN
1. 经营指标
2. 市场目标
个人关键举措（共6~8项）
1. 个人年度市场目标（战略诉求、山头目标，高层客户管理等）
2. 个人重点关注项目（重点交付项目等）
3. 个人年度组织建设与管理改进目标（财务流程梳理，交付流程改进等）
二、人员管理目标（共3~4项）
根据各自负责组织的挑战，设定目标
三、个人能力发展目标（2~3项）
为完成业务及人员管理目标，个人的能力提升目标 |

KPI 考核表内容范围

（三）价值观评估——阿里六脉神剑

价值观评估被外界鼓吹为阿里的六脉神剑，实际上就是对一个人的价值观做考核，如果为人不行，KPI 就不用谈了。如果为人合格了，用价值观评分的权重结合 KPI 评分权重得出总的考核分。（提示：这种结合只供参考，一定要活学活用，形成适合自己的绩效体系。）

价值观的亮点和华为的任职资格评估异曲同工，提炼出了评分关键点，不仅能让员工心服口服，而且还更能让员工提升自己的价值观。

价值观的评估项目也不是固定的，需要根据公司的需要，在不同阶段做阶段性的变化。阿里的价值观评估也是不断在变化，下面所列举的只是一个参考案例。

价值观评估

1. 考核标准

评估项目	解释	评分标准	自我评分	自我评分理由依据	领导评分	领导评分依据
客户第一	客户是衣食父母	1. 尊重他人，随时随地维护阿里巴巴形象 2. 微笑面对投诉和受到的委屈，积极主动地在工作中为客户解决问题 3. 与客户交流过程中，即使不是自己的责任，也不推诿 4. 站在客户的立场思考问题，在坚持原则的基础上，最终达到客户和公司都满意 5. 具有超前服务意识，防患于未然				
团队合作	共享共担，平凡人做非凡事	1. 积极融入团队，乐于接受同事的帮助，配合团队完成工作 2. 决策前发表建设性意见，充分参与团队讨论；决策后无论个人是否有异议，必须从言行上完全予以支持 3. 积极主动分享业务知识和经验；主动给予同事必要的帮助；善于利用团队的力量解决问题和困难 4. 善于和不同类型的同事合作，不将个人喜好带入工作，充分体现"对事不对人"的原则 5. 有主人翁意识，积极正面地影响团队，改善团队士气和氛围				
拥抱变化	迎接变化，勇于创新	1. 适应公司的日常变化，不抱怨 2. 面对变化，理发对待，充分沟通，诚意配合 3. 对变化产生的困难和挫折，能自我调整，并正面影响和带动同事 4. 在工作中有前瞻意识，建立新方法、新思路 5. 创造变化，并带来绩效突破性地提高				

续表

评估项目	解释	评分标准	自我评分	自我评分理由依据	领导评分	领导评分依据
诚信	诚实正直，言行坦荡	1. 诚实正直，言行一致，不受利益和压力的影响 2. 通过正确的渠道和流程，准确表达自己的观点；表达批评意见的同时能提出相应建议 3. 直言有讳，不传播未经证实的消息，不背后不负责任地议论事和人，并能正面引导 4. 勇于承认错误，敢于承担责任；客观反映问题，对损害公司利益的不诚信行为严厉制止 5. 能持续一贯地执行以上标准				
激情	乐观向上，永不放弃	1. 喜欢自己的工作，认同阿里巴巴企业文化 2. 热爱阿里巴巴，顾全大局，不计较个人得失 3. 以积极乐观的心态面对日常工作，不断自我激励，努力提升业绩 4. 碰到困难和挫折的时候永不放弃，不断寻求突破，并获得成功 5. 不断设定更高的目标，今天的最好表现是明天的最低要求				
敬业	专业执着，精益求精	1. 上班时间只做与工作有关的事情；没有因工作失职而造成的重复错误 2. 今天的事不推到明天，遵循必要的工作流程 3. 持续学习，自我完善，做事情充分体现以结果为导向 4. 能根据轻重缓急来正确安排工作优先级，做正确的事 5. 遵循但不拘泥于工作流程，化繁为简，用较小的投入获得较大的工作成果				

2. 考核说明

（1）员工自评或主管/经理考评必须以事实为依据，说明具体的实例。

（2）如果不能达到1分的标准，允许以0分表示。

（3）只有达到较低分数的标准之后，才能得到更高的分数，必须对价值观表达从低到高逐项判断。

（4）小数点后可以出现0.5分。

（5）如果被评估员工某项分数为0分、0.5分或者达到4分（含）以上，经理必须注明事由。

3. 考核周期及程序

（1）每季度考评一次，其中价值观考核部分占员工综合考评分的50%。

（2）员工先按照30条价值考核细则进行自评，再由部门主管/经理进行评价。

（3）部门主管/经理将员工自评分与被评分进行对照，与员工进行绩效面谈，肯定好的工作表现，指出不足，指明改进方向。

4. 评分结果等级说明

  （1）优秀 27~30 分

  （2）良好 23~26 分

  （3）合格 19~22 分

  （4）不合格 0~18 分

5. 价值观评分结果的运用

  （1）价值观得分在合格及以上等级者，不影响综合评分数，但要指出价值观改进方向。

  （2）价值观得分为不合格者，无资格参与绩效评定，奖金全额扣除。

  （3）任意一项价值观得分在 1 分以下，无资格参与绩效评定，奖金全额扣除。

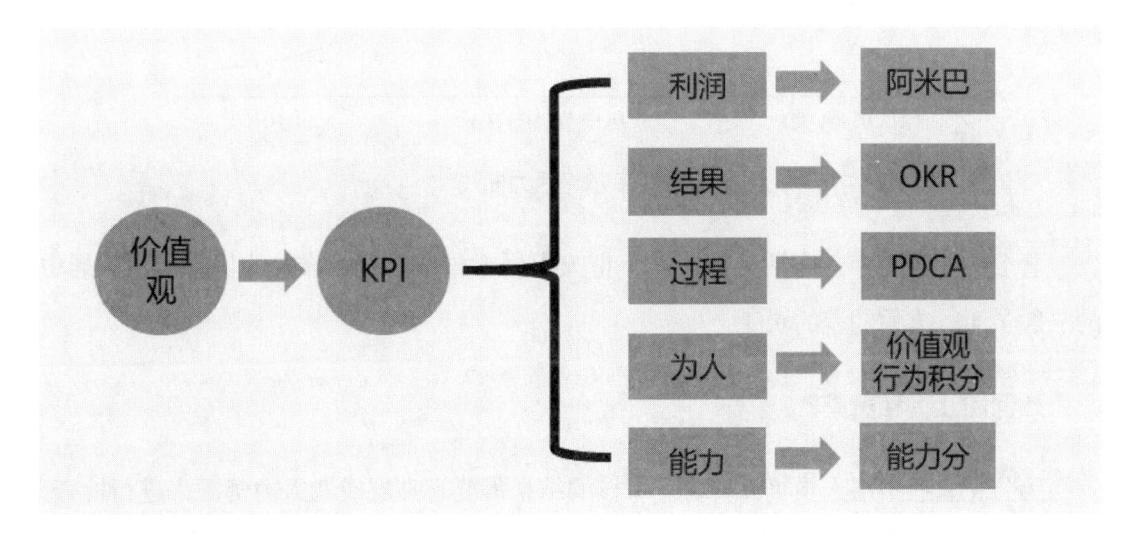

价值观 → KPI → { 利润 → 阿米巴； 结果 → OKR； 过程 → PDCA； 为人 → 价值观行为积分； 能力 → 能力分 }

五、价值分配

（一）价值评估结果——A、B、C、D

对任何一个人的评估结果，最终都要划分为几个区间，如 A、B、C、D。也不一定非要这么划分，也可以分为 A、B+、B、C 等。

"拉开区分"是人进步的动力！

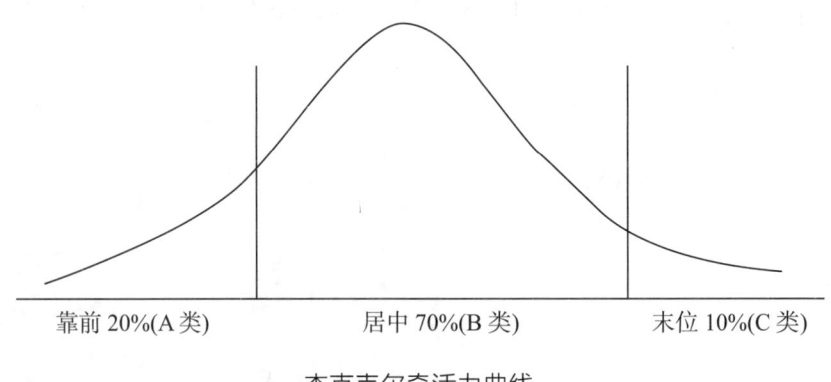

靠前 20%(A 类)　　居中 70%(B 类)　　末位 10%(C 类)

杰克韦尔奇活力曲线

著名的"杰克韦尔奇活力曲线"，把人根据考核结果分为靠前的优秀员工、居中的一般员工、靠后的差的员工。

如何防止徇私舞弊？

为防止有些中层人员徇私舞弊，考核的结果需要有高层或者人力资源来进行检查，检查的重点就是 A 和 C 类的。

（二）价值分配——调级、分配年终奖、分红

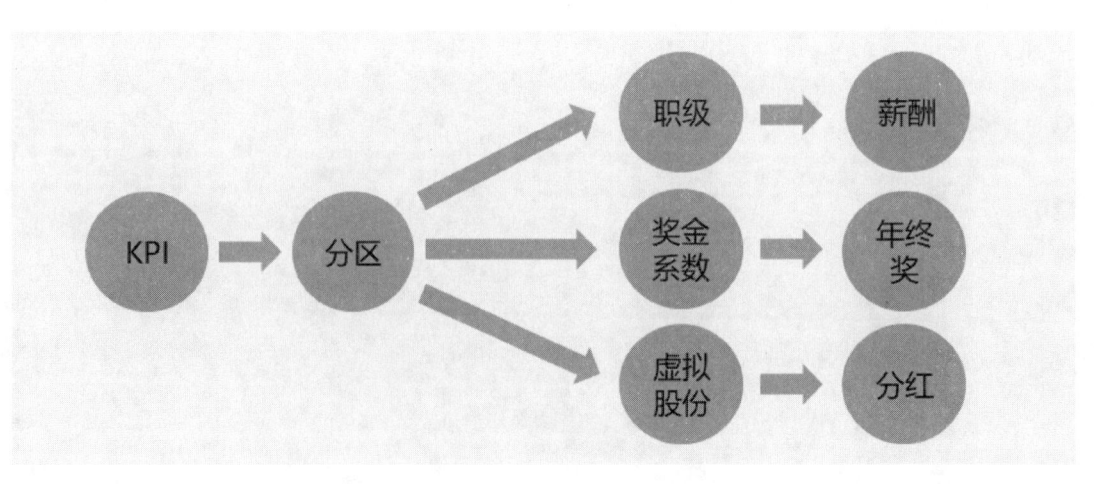

KPI → 分区 → 职级 → 薪酬
　　　　　　→ 奖金系数 → 年终奖
　　　　　　→ 虚拟股份 → 分红

考核结果——A、B、C、D，和其职级调整、年终奖、分红挂钩。如连续几次A的，给予调多少职级（职级和薪酬对应），给予几个月的年终奖，分配多少股份。职级调整部分参照之后讲的发展双通道的建立。

如何科学分配？

一个实习水平的人正常考核结果应该是靠末尾的，但是如果考核得到A，是不是该奖励速度加大些？同样考核得A，一个职位已经很高的人，奖励速度是不是该慢一些？据此把每个层级再细分为超出区、胜任区、基本胜任区和学习区。不同区的奖励速度不同，越往高速度越慢。如下面的图表，学习区考核得A，给予调整3~4级的职级，考核得C也给予1~2级的调级。但是越往上层要求越严格，超出区的得A，只给予0~1级的调级。

原薪酬等级 \ 上调级差 \ 年度绩效等级	A	B	C	D
超出区	0~1	0	0	0
胜任区	1~2	0~1	0	0
基本胜任区	2~3	1~2	0~1	0
学习区	3~4	2~3	1~2	0

（三）某员工价值分配历史

某人价值分配历史

年度	等级	工资	调薪	年度考核	年终奖	股票	分红	合计
2006	未定级	4500	2006.7加500 2006.12加500	C	0	0	0	33000
2007	13A	5500	2007.4加600 2007.8加900 2007.10加1100	B	25000	0	0	99800
2008	13A	8100	2008.3加350	A	40000	12000	0	140350
2009	14B	8450	2009.9加750	A	55000	40000	12000	170650
2010	15C	9200	2010.3加1500	A	73000	70000	64000	259100

如图，这个人2006年入职，作为实习区，刚开始未评级，工资4500，在2006年，虽然考核为C，但是分别在7月和12月获得了2次调级；2007年考核为B，获得了3次调级，并获得约5个月工资的年终奖，得到13A的评级，达到了基本胜任区；到2008年，又获得了股票……

六、人才发展双通道

（一）管理双通道、薪酬等级

职位等级	职务层级	公司	市场部	销售管理部	总师办	设计部	技术部	产品部	供应商管理部	质量管理部	制造部	工程部	成本管理中心	财务部	综合管理部	公司授聘职称
15	副总/总监															
14																
13			市场总监													主任工程师
12			大区总监		总师办主任	设计部长										
11	部长			销售管理部长			技术部长	产品部长	供应商管理部长		制造部长	工程部长				主管工程师
10									采购部长	质量管理部长	总计划调度		成本管理中心主任	财务部长	综合管理部长	
9				报价主管 收款主管								项目主管		主管会计		工程师
8	主管		客户经理								车间主任（工段长）				人力资源主管	
7										质量检验主管			成本管理主管		网络主管	助理工程师
6									供应商管理工程师	质量工程师	班长 高级技工	项目计划员		成本会计		
5	专员			项目管理员					采购工程师（采购专员）		中级技工	施工经理	成本管理员	会计	后勤主管（兼任车队队长）	见习生
4			销售员	报价员 销售内勤（商务管理）		计划管理员 档案管理员			价格核算员	质检员	技工 外协员	项目协调员（项目计划管理员）		出纳	人事专员 招聘专员	
3										计划统计员	统计员	计划统计员 安全员		仓库主管	司机	
2	文员		文员	文员	文员						普工	文员		仓管员		
1															清洁工	

某公司职务等级矩阵图

该图把职务分为文员、专员、主管、部长、副总/总监5个层级（第二列），又分了15个职级（第一列）。其中文员对应1~3职级，专员对应4~6职级，主管对应7~9职级，以此类推。横向为不同的部门，最后一列为职称。矩阵中的为岗位名称，一般薪酬体系同一职位等级的薪酬是一样的。

（二）传统晋升薪酬体系缺点

单一职位晋升体系操作起来会比较麻烦，这不仅仅因为公司的管理岗位总是有限的，更让人担心的是，那些为公司做出贡献，理应获得褒奖的员工，即使专业能力很强，却不见得能适应管理者的岗位。当人们的注意力都集中到如何获得更高的管理职位，而不是如何把本职工作做好时，企业就难以实现人才的优化和资源的配置。如把一个专业能力极强，但却缺乏领导能力的员工提升到管理岗位，不但管理做不好，也影响了其专业工作的发挥。

在企业和其他组织中都普遍存在一种将员工晋升到一个他所不能胜任的职位上去的总体倾向。由于某位员工在原有职位上成绩突出，就被提高到更高一级的职位。其后，如果继续胜任则将进一步被提升，直至到达他所不能胜任的职位。最终的结果是，每一个职位都将被一个不能胜任其工作的员工所占据。

在一个组织森严的公司里，当员工的薪酬是和职位高低联系在一起，而不是与工作贡献相联系时，员工就会想尽一切办法提升自己的职位，而不去考虑自己是否能胜任这个岗位。对员工而言，管理岗位总是僧多粥少，这也正是许多公司政治斗争的根源。每个人都希望升到更高的职位，获得更好的待遇。于是，同事之间的钩心斗角就会不可避免地发生。

受中国传统文化的影响，人们习惯性地认为只有"当官"才算有出息，才能出人头地，才能名利双收。这进一步地强化了人们在职场中钩心斗角，互相倾轧。

如果把发展通道分为管理和技术两类通道，让员工根据自己的意愿选择自己的发展方向，这样可以有效避免其只关注职位高低，而更关注技能的高低，因为薪资也和技能高低相关。事实上，在"双通道"发展模式下，不是所有的人都希望升到最高级别。高职位和权力固然能带来风光，但也意味着你要承担更多的责任，面临更多的决策风险。因为你要为更多的人负责，而不再仅仅是对自己的工作负责。很有可能，你会在新的职位上"高处不胜寒"，感觉到众多有形无形的压力。

（三）阿里巴巴人才发展双通道

阿里巴巴的人才发展通道主要分为两类，即专业类 P 系列和管理类 M 系列。P 是专业人员（Professional），M 是管理人员（Manager）。这些既构成了阿里的职位类别及职位等级，同时也形成了公司员工的职业发展双通道，避免员工一条道走到黑。让有志于走专业路线的人，在专业的道路上努力前进，最终可以成为首席科学家，其收入水平可以与集团的副总级别相当。

专业类主要分为以下 11 个级别，从新人到首席科学家等。

P 级别	职级
P3 及以下	新人或者助理
P4	专员
P5	资深专员
P6	高级专员（也可能是高级资深）
P7	专家
P8	资深专家（架构师）
P9	高级专家（资深架构师）

续表

P级别	职级
P10	研究员
P11	高级研究员
P12	科学家
P13	首席科学家

管理类的级别从M1一直到M9，P级和M级别可以实现对等，让员工的职业发展选择更灵活。M级与P级的对应关系如下：

M级别	对应P级别	职级
M1	P6	主管
M2	P7	经理
M3	P8	资深经理
M4	P9	总监
M5	P10	资深总监
M6	P11	副总裁
M7	P12	资深副总裁
M8	P13	子公司CEO
M9	P14	陆兆禧（前马云）

在阿里只有P6（M1）后才算是公司的中层。不同的子公司给出P级的标准不一样。比如：B2B的普遍P级较高，但是薪资水平低于天猫子公司的同级人员。同时到达该P级员工才有享受公司股权激励的机会（低于P6的除非项目出色有股权或者期权奖励，否则1股都拿不到）。

（四）晋升体系

1. 晋升资格（上年度KPI达75分）
2. 主管提名（一般你要是KPI不达75主管也不会提名你）
3. 晋升委员会面试（晋升委员会组成一般是合作方业务部门大佬、HR、该业务线大佬等）
4. 晋升委员会投票

P5 升 P6 相对容易，再往上会越来越难，一般到 P7 都是团队技术 leader 了。P6 到 P7 非常难，从员工到管理的那一步跨出去不容易。当然有同学说 P 一般都是专家，M 才是管理，实际上专家线/管理线有时并不是分得那么清楚的。

（五）价值分配

1. 阿里薪资结构：一般是 12+1+3=16 薪。

2. 年底的奖金为 0~6 个月薪资，90% 人可拿到 3 个月。

3. 股票是工作满 2 年才能拿，第一次拿 50%，4 年能全部拿完。

七、职业生涯激励机制

不同职业生涯阶段，可以设定不同的激励机制，职业生涯也可以和发展通道对应起来。以下为某企业的政策机制。

实习期	高薪	实行高薪聘用优秀应届毕业生计划，是同行中给应届生薪酬最高的公司
	培训	提供有助于个人成长和发展的广泛的培训计划
	效果	吸收的都是班上前十名的专业人才，为公司研发力量的发展奠定了基础
过渡期	海外培训	派驻研发人员在美国硅谷、达拉斯、印度班加罗尔、瑞典斯德哥尔摩等地学习培训，设立带薪学习激励政策
	建立认证体系	建立完善的公司内部认证培训体系，网络工程师、高级网络工程师、网络互联专家
	效果	全面培训发展计划激发了技术人员的工作热情，让其明确了发展道路，帮助人才快速成长
发展期	技术晋升通道	随着技术职务的晋升，将获得更好的研发设备和更齐全的资料，保证研发人员随着自身知识与经验的积累而获得相应的权力和地位
	科技革命	成立科技基金，大力鼓励和引导研发人员开展创业活动
	效果	与管理序列并行的技术晋升通道，使研发人才能安心发展技术，避免35岁现象
稳定期	充分授权	给予研发人员更大的自由度，让他们独立自主做出决策，将他们推至工作流程前端
	参与决策	创造条件积极引导研发人员参与公司决策
	效果	研发人员参与决策有助于增强决策的可行性，同时，企业与核心研发人员的双边治理可以使核心研发人员愿意承担创新带来的风险，避免企业陷入单边风险危机中

八、业务人员还可以这样培养

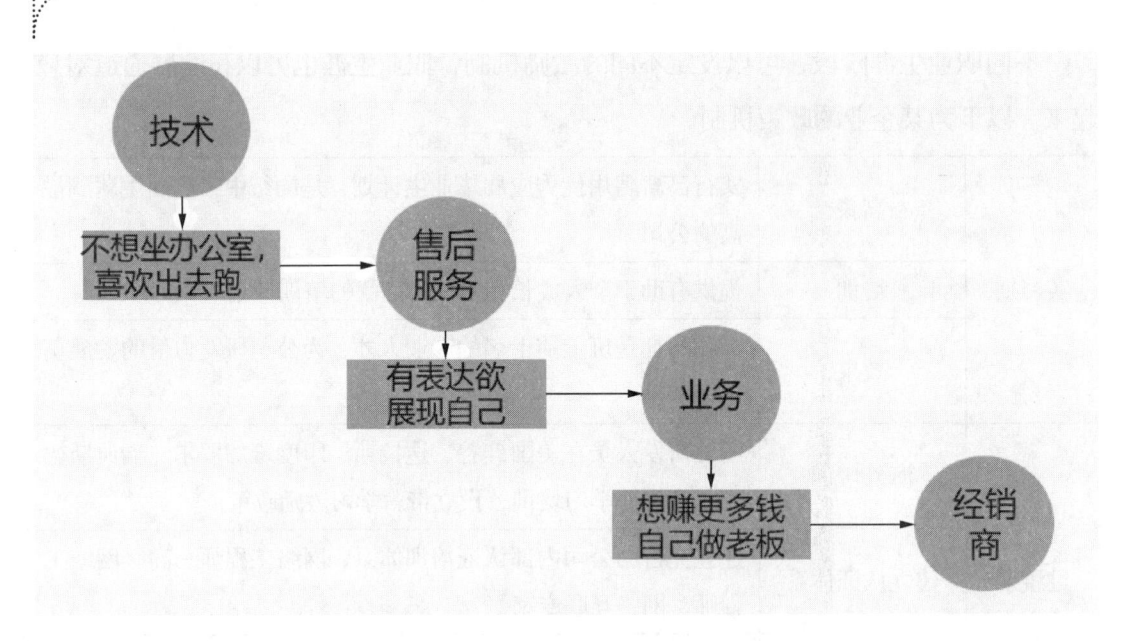

```
技术
 │ 不想坐办公室，
 │ 喜欢出去跑
 ↓
售后服务
 │ 有表达欲
 │ 展现自己
 ↓
业务
 │ 想赚更多钱
 │ 自己做老板
 ↓
经销商
```

（供参考）业务人员还可以这样选拔出来。在技术岗位中，有一部分人不想整天坐在办公室，性格沉不下来，这部分人可以分配去做售后服务岗位，满足他出差跑来跑去的喜好。在服务岗位中，有一部分人很善于表达，内心有展现自己的表达欲，这部分人又懂技术又懂售后服务，又擅长表达，不做业务未免可惜，还能获得高提成。在这部分人中，有些野心更大，想赚更多的钱，自己创业，那么正好发展为经销商。这些人对自己的产品很熟悉，业务能力又强，做经销商绝对是一把好手。

第四章

股权——高、中层激励

一、股权激励的目的
二、如何选择合适的合伙人
三、常规的股权激励形式
四、股权激励的实际应用逻辑
五、推行股权激励的注意事项

> **本章导读**
>
> 如何有效激励内部团队，是现代企业都在研究和践行的基础管理手段。在众多的激励手段中，股权激励自始至终是激励效果最强、作用最为明显的手段之一。但如何有效地应用这一管理手段，如何形成让自己的团队从职业思维转变成合作的创业思维，是现代企业最关注的管理主题之一。
>
> 合伙人：顾名思义，指在商业活动中相互合作，同时践行统一的商业目标和价值观，共同为商业经营的风险负责，且共同分享商业成果的合作伙伴。那如何寻找到合适的合伙人，同时如何实行有效的合伙人股权激励，是本章研究的重点。

一、股权激励的目的

企业在推行合伙人股权激励之前必须要想清楚推行的目的是什么，不同的目标对应的激励模式导向也不尽相同。比如：以公司战略扩张为目的的合伙人激励模式，是以业绩突破为导向；以团队激励为目的的合伙人激励模式，则是以利益分享为导向等等。激励模式的导向不同，设计的细节也会有较大差异。所以在推行之前需定位清楚激励的目的，确定好公司的合伙人事业梦想，也是合伙人股权激励体系是否能够有效推动的关键。

不管怎么说，企业不要盲目地做股权激励，一定是基于需要实现的目标，实施有效的激励，这是做股权激励的基本准则。

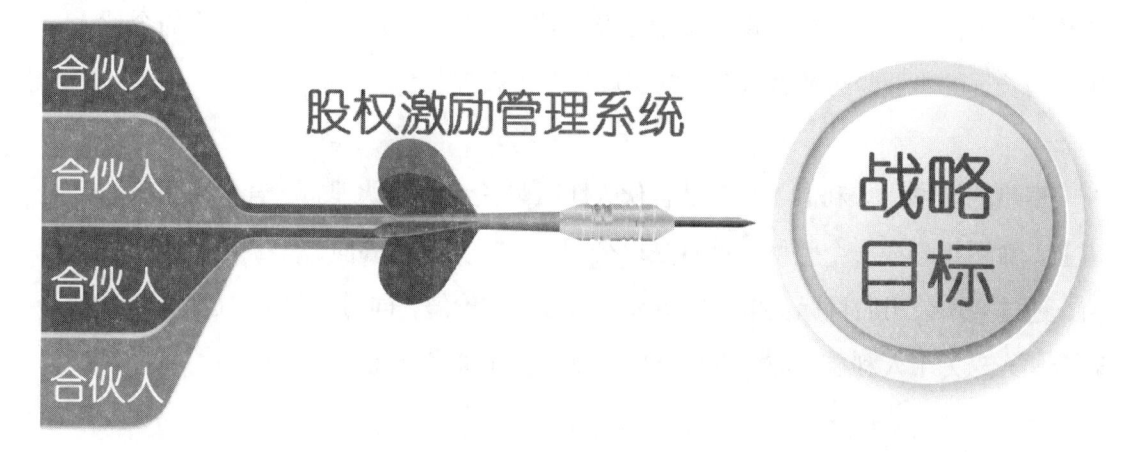

二、如何选择合适的合伙人

合伙人的选择是决定合伙事业梦想能否实现的关键，那什么样的人才适合成为企业的合伙人？企业在选择合伙人的时候应该关注那些特质？这些也是企业能否寻找到合适的合伙人的关键。我们在推动多家中国民企合伙人股权激励体系的实际工作中，通过与多位合伙人及企业家的深度交流，同时通过多层面、多维度的评价，总结出了成为优秀合伙人的几个关键特质。

发展的潜力： 合伙人股权激励更多是为未来服务，合伙的事业梦想也是长远的、未来的梦想。所有合伙人的发展潜力至关重要，合伙人是否有具备实现合伙事业未来梦想的个人潜力，是梦想实现的基础支撑。若企业选择了不具备成长潜力的合伙人，则公司长远的事业梦想及合伙梦想的实现将非常艰难。

奉献的精神： "利他"心态是合伙人团队最关键的合伙理念。合伙人团队与企业事业、命运组合成一个整体，而且是以公司的目标实现为导向，为公司、团队贡献价值，通过实现公司的目标及事业梦想来证明自己的价值，同时实现了自己的事业梦想。若合伙人只为个人利益考虑而忽略整体，则合伙事业是注定会失败的。

正念的心态： 合伙人作为公司的核心成员，在一定程度上是公司团队的表率，同时在很大程度上影响公司的未来。所有合伙人须有着正向的价值观、引导公司的正能量，有效地将团队团结在公司，使团队及公司的目标一致。

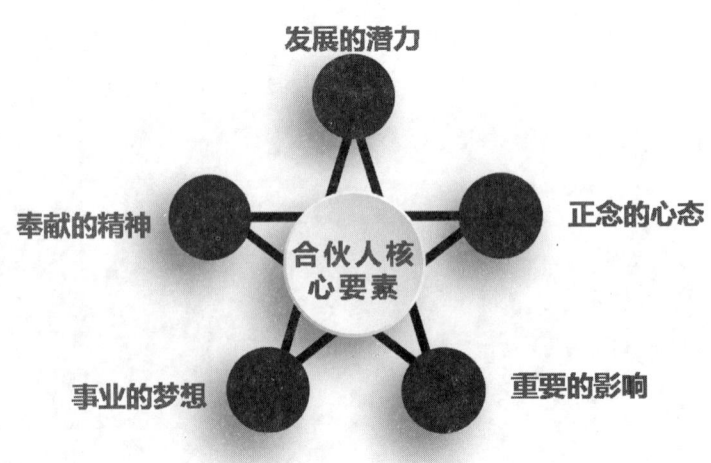

合伙人核心要素：发展的潜力、正念的心态、重要的影响、事业的梦想、奉献的精神

事业的梦想： 合伙人作为公司经营管理层的核心人员，是公司经营战略目标实现的重要支撑，必须对未来有着清晰的事业梦想和成长欲望。只有这样，合伙人才能与公司的目标协同一致。甘于平庸、没有事业欲望的人是不适合加入合伙人团队的。

重要的影响： 合伙人一定是在公司目前的体系内部有一定影响力或者关键价值的，可以在更大程度上激发合伙人的动力效应。从公司内部来说，合伙人成员不宜过多，能够加入合伙人团队的人一定是在企业内部的某些环节有着关键性作用的优秀成员；激发出这些优秀成员的合伙动力，将会在更大程度上激活事业梦想的实现可能，使得合伙人的价值更大发挥。

从这五维评估，备选合伙人是否满足企业的需求至关重要，毕竟合伙人选择的结果直接决定企业的目标能否实现，股权激励的效果是否能够产生有效的价值，对未来经营的风险是否能够控制。

三、常规的股权激励形式

常规的合伙人股权激励一般会采用以下四种方式。实施合伙人股权激励的企业会根据公司的发展阶段、经营规模、团队状况等选择一种或者数种组合式的激励模式。

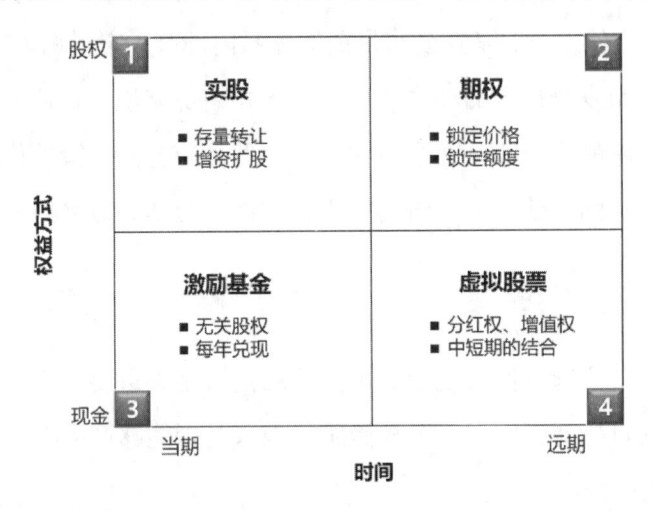

```
权益方式
股权
 1 实股              2 期权
   ■ 存量转让          ■ 锁定价格
   ■ 增资扩股          ■ 锁定额度

 3 激励基金          4 虚拟股票
   ■ 无关股权          ■ 分红权、增值权
   ■ 每年兑现          ■ 中短期的结合
现金
     当期                 远期
              时间
```

这四种方式的激励效应、定位对象、合伙人的投入程度、企业的管控结果等均有所差异。

实股： 实股激励，指企业通过在一定条件下，给予激励对象一定的股权。这种股权登记于工商注册文件、记载于公司股东名册，通过赋予计划参与人公司股东的身份达到对其激励的效果。简言之，是指企业经营者和职工通过持有企业股权的形式，来分享企业剩余价值索取权的一种激励行为。

期权： 公司授予激励对象在未来一定期限内以预先确定的价格和条件购买公司一定数量股份的权利。激励对象有权行使权利，也有权放弃但不得转让、抵押和偿还债务。

虚拟股票： 虚拟股票持有者可以按照数量参与公司的现金分红或享有股份增值收益，但没有表决权，不能转让和出售。公司可自由设计虚拟股票的条款，如：是否需要出资购买、是否享有股票分红、是否有增值收益、在计划期末时自动失效还是由公司出资回购等。

激励基金： 当公司业绩达到考核标准时，按一定比例从利润中提取一部分作为奖励，按一定价格折算成股份数量进行锁定，或将此部分资金根据未来绩效和业绩情况进行分期递延支付。在既定的期限后，激励对象通过变现股权、获得现金形式兑现收益。

我们通过在实际的运用过程中，对几种激励模式的优劣势进行了总体的评估分析：

	实股	虚拟股	期权	激励基金
优点	激励对象拥有股权而成为正式股东，能获得身份认可，激励力度强，约束力较大	不会形成股权稀释，操作较为灵活简便	分批授予股权的过程，逐步对激励对象进行甄别，同时缓解出资压力	不会形成股权稀释，员工普遍容易理解，操作简便
缺点	对股权形成稀释；购股时，激励对象存在较大的资金沉淀	约束性小，没有与实股相匹配的身份认可；需要有良好的现金流和业绩支撑	行权时会形成股权稀释；购股时有资金压力；激励力度以及对激励对象的约束性居中	缺乏约束力度，偏短期激励，对业绩和现金流有一定的影响，参与人数不宜过多

以上几种的合伙人股权激励模式是目前企业应用较多的几种模式，不同的模式适用于不同的企业阶段、团队构成。那如何评估企业的实际应用就至关重要了。

四、股权激励的实际应用逻辑

企业在应用股权作为激励手段时，我们一般建议分阶段、分团队、分层级进行持续性的激励，而不是无规划、无逻辑的应用。无规划的应用不仅不会产生任何激励效果，事实上还会带来更大的应用隐患。

我们以一个应用案例为例，给大家分享下股权激励应用的基础逻辑。

常规情况下，企业做股权一般从高层到中层再到基层之间进行具体化的股权激励的逻辑划分，股权激励的形式、方式及激励结果的应用方式也不一样，如：高层一般会从平台股到实股的递增过程中进行激励，中层从虚拟股到平台股的递增过程中进行激励，基层更多直接在激励基金中体现。（注：只为常规现象，具体还要依据企业实际情况设计。）

案例：高层股权激励与中层股权激励的差异化模型（参考型案例）。

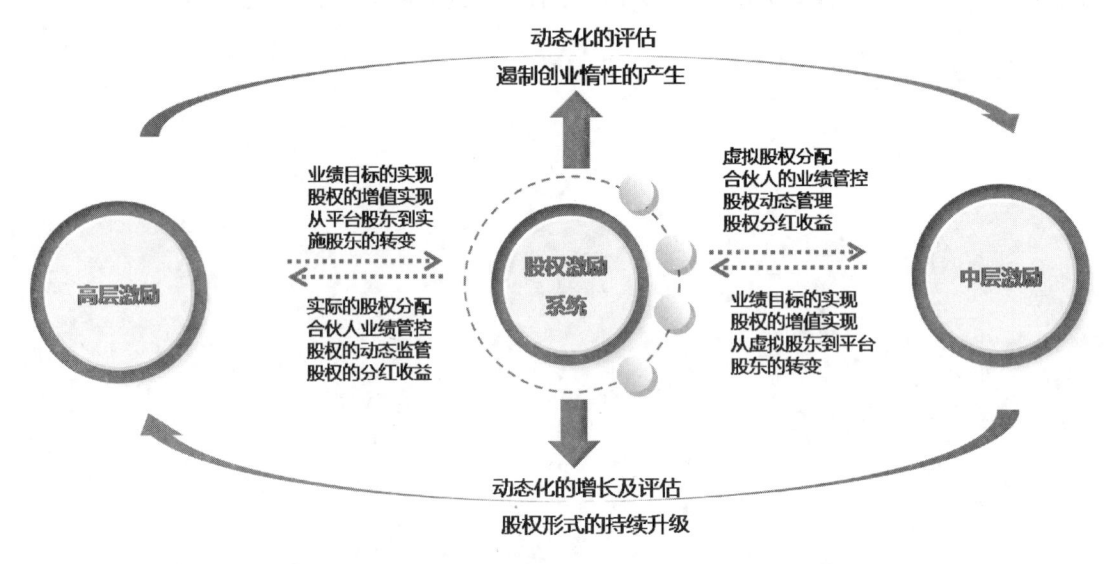

此模型只是常规的中高层股权激励形态上的差异，以及股权激励形式和模式的差异，但是在企业的具体应用中，可以结合实际情况进行组合式、动态化设计模式。切记：模式本身不存在好与坏，只有结合企业的实际情况进行针对性的设计，才是最符合企业的需求的。

五、推行股权激励的注意事项

合伙人股权激励体系说到底只是一套比较好的管理方法，但不是完美的管理理论，也不是独立存在的一套管理系统。它是依附于整体企业的管理基础之上存在的，所以在推动股权激励的同时，需要注意以下几个关键事项。

（一）合伙人股权激励不是万能的

很多咨询培训机构灌输给企业这样的一种错误观念，说企业建立了合伙人股权激励体系，就能解决所有的管理问题。不得不说这个思路在很大程度上误导了现在很多的民营企业家。合伙人制度也好，股权激励体系也罢，只是众多管理理论体系中的一种而已。股权激励可以在很大程度上激活团队动力、实现公司与团队的目标一致，但并不是所谓的能够让企业起死回生的神药，不能解决企业内部存在的所有问题。各类管理问题还是需要对应的管理机制解决。

（二）合伙人股权激励是全面管理的

这个观点对应上述的内容，合伙人股权激励体系只是管理理论体系的一个组成部分，没有一家公司可以单纯通过合伙人股权激励体系就实现公司的全面管理，需要各个环节的基础管理体系的支撑和配套，如人力资源管理体系、业务流程管理体系等，任何一家公司推行合伙人股权激励体系之前，均需要公司已经建立了相对完善的内部管理机制。内部管理机制的完善程度是股权激励体系落实结果的基本保障，同时股权激励系统本身也需要建立全面的运营管理机制。有任何的残缺，企业的股权激励都是无法落实的。具体股权激励的管理系统构成见如下模型：

激励模式　　管理机制
合伙人选择　股权激励系统　分配机制
评价机制　　退出机制

（三）股权激励的结果一定要有事实上的应用

对于很多企业来说，股权方面的激励已经成为最终的激励，也将成为内部核心团队对企业的诚信及承诺进行可信度评价的最终标尺。故股权激励最终是否实际应用，将直接影响参与的核心团队对企业的认可及信任，所以企业能否进行事实上的应用，这点至关重要，常规的应用核心点如下：

1. 分红；
2. 合伙人角色的转变；
3. 股权的转化；
4. 股权增值的兑现。

核心团队接受股权激励的形式基于对上述四点的期待，也是股权激励最终能否有效落实的最核心的要素。

（四）最终寄语

对于任何一家企业来说，合伙人股权激励体系不是单纯的福利，而是在打造企业的事业梦想，同时要清晰事业梦想实现的路径。通过"梦想+实现"逻辑，让合伙人及内部团队更多地投入进来，共同实现企业的发展目标。

第五章

阿米巴——中层激励

一、阿米巴来源

二、阿米巴原理

三、组织设置和定价

四、经营结算表

五、经营哲学

六、案例分析

七、总结

本章导读

阿米巴——神奇伟大的管理利器

被众多500强大型企业采纳的管理理念

将人潜力无限激发出来的经营手法

让员工像老板一样去关心企业经营

想尽方法增效降本

重构企业文化、人生观、价值观

一、阿米巴来源

（一）阿米巴名称来源

阿米巴是一种单细胞生物，可以不断分裂，当遇到外界环境改变时，它们又会组合在一起形成一个整体而各司其职。稻盛和夫应用于京瓷和日航的经营手法和这种现象类似，故起名阿米巴经营。后来稻盛和夫的下属森田直行成立咨询公司，把京瓷的阿米巴模式对外提供咨询服务，自此阿米巴经营逐渐被外界知晓。

实际上阿米巴经营就是"虚拟内部交易的独立核算"和"国学教育"，这样一分解大家就不会被阿米巴这个奇怪的名字所迷惑了。没有必要去膜拜日本的管理思想，在历史悠久、地大物博的中国，几乎什么案例都有。王志文曾主演过一部电视剧《天道》，其内容就是阿米巴经营，大家与其花很多学费去日本学习，真不如把《天道》多看几遍，不用钱。

有一天一个中国记者采访稻盛和夫先生，问："稻盛先生，您这管理思想太伟大了，请问您这么好的管理思想是怎么发明出来的呢？"稻盛先生听完回答："我哪是什么管理大师啊，其实我这些管理思想都是跟你们中国学的啊，孔子、孟子、老子、王明阳，等等，我仅仅是认真地去感悟学习你们的传统国学，然后把它应用到企业管理中而已啊。"

（二）稻盛阿米巴思想典故

稻盛和夫用自己研发的陶瓷于1959年成立了"京都陶瓷株式会社"。第三年公司就面临难关。首先，刚高中毕业的新员工工作一年就对公司提出加薪和奖金要求；其次，部门员工之间就工作相互扯皮、找借口找理由。这让稻盛先生认识到，如果员工不能与经营者一样去思考和参与公司的经营，企业经营必定无法做好。

老板忙得要死，员工闲得要死

受中国传统思想熏陶的企业家或者有博爱、责任感的企业家，内心都是对员工负责的，也希望为员工撑起一个大家。既然老板这样用心对待员工，员工为何还不为老板着想呢？有的员工甚至还在想自己那么卖命只拿一点工资，老板都在发大财。员工为何不能理解企业老板的焦虑呢？为何不能像企业老板那么积极主动呢？

稻盛和夫想到了原因，首先是因为员工非老板，所以也就没有老板的心态；其次员工不了解企业的经营状况，不知道资金压力，不了解市场上的残酷竞争，所以没有焦虑。随即稻盛和夫就提出一个思想：全员经营，将企业的经营状况透明化，让员工知晓：

1. 作为员工工资来源的利润到底有多少？
2. 自己到底为企业利润实现贡献了多少？

（三）如何让员工知晓经营状况

1. 阿米巴目的是让所有员工都参与企业经营，所以整个企业需要尽量划分更多的小单元，每个单元有一个领导，该领导就像经营企业一样经营这个小组织。
2. 每个单元的领导者，需要用"结算表"来管理收入和支出，管理经费同时关注利润的达成。每个单元的成员，需要相互协助、集思广益，争取增加收入、降低费用支出。
3. 因为员工没有经营知识和经验，为了让每个单元的经营数据一目了然，采用"单位时间附加值"这个指标，它与单元规模大小无关。
4. "单位时间附加值"是刺激各单元进行创新和提高效率的重要指标。

（四）独立核算后的惊喜

1. 像积分管理一样，有比赛的乐趣。
2. 为了提高附加值，同一个巴内部的交流就会增多。
3. 为了提高附加值，会和其他巴合作，巴成员之间的交流也会活跃和紧密，能为企业培养更多具有经营感的人才。

> **为了提高利润，他们会尝试一切可以尝试的方法**

4. 巴领导人要让成员幸福，要让他们有梦想。
5. 像体育竞赛，记录会被不停地打破，竞争对手也在不停地制造出比自己价格更低质量更好的产品。

（五）京瓷阿米巴推行简史

1. 京瓷在制造部门按工序分成多个 5~10 人的小单元，每个单元之间设立"内部交易机制"，让每个单元成为可以独立买卖的公司。

2. 京瓷将生产现场的课长和系长任命为单元领导，为单元领导讲解"结算表"组成和"单位时间附加值"的算法。目的是让其知道如何工作才能增加利润和单位附加值。

3. 京瓷随后在销售部门也导入了阿米巴模式。

4. 京瓷从小作坊——大企业——世界级企业，受到了世界的关注，接到了很多阿米巴咨询。

5. 1986 年，森田直行负责的"信息系统"单元开始裂变，开始做对外咨询业务。各行各业的企业导入阿米巴模式，其中最大的一家叫日航。大家都珍惜这个可以直接和稻盛和夫交流的"盛和塾"学习会。

二、阿米巴原理

第一步：组织划分、内部交易、内部定价

如图，企业生产有三道工序，对应三个车间，把三个车间和采购、销售部门都虚拟划分为独立的公司，独立核算，让虚拟公司之间独立交易。第一个车间从供应商以100元价格买来原材料，经过自己加工后增加5%利润，以105元价格卖给第二车间，第二车间再加上合理利润以110元卖给第三车间，第三车间再加上自己利润以115元卖给销售部门，销售部门再加上自己利润以120元卖给客户。（这里只是原理讲解，实际上怎么交易看后面案例）

各个单元之间内部交易、自负盈亏。如果第一道工序生产出来的不良品，第二道会买吗？人家不买的话，第一道还不会注重质量吗？每道工序为了提高利润，自己就会研究如何提高效率、如何节约成本……

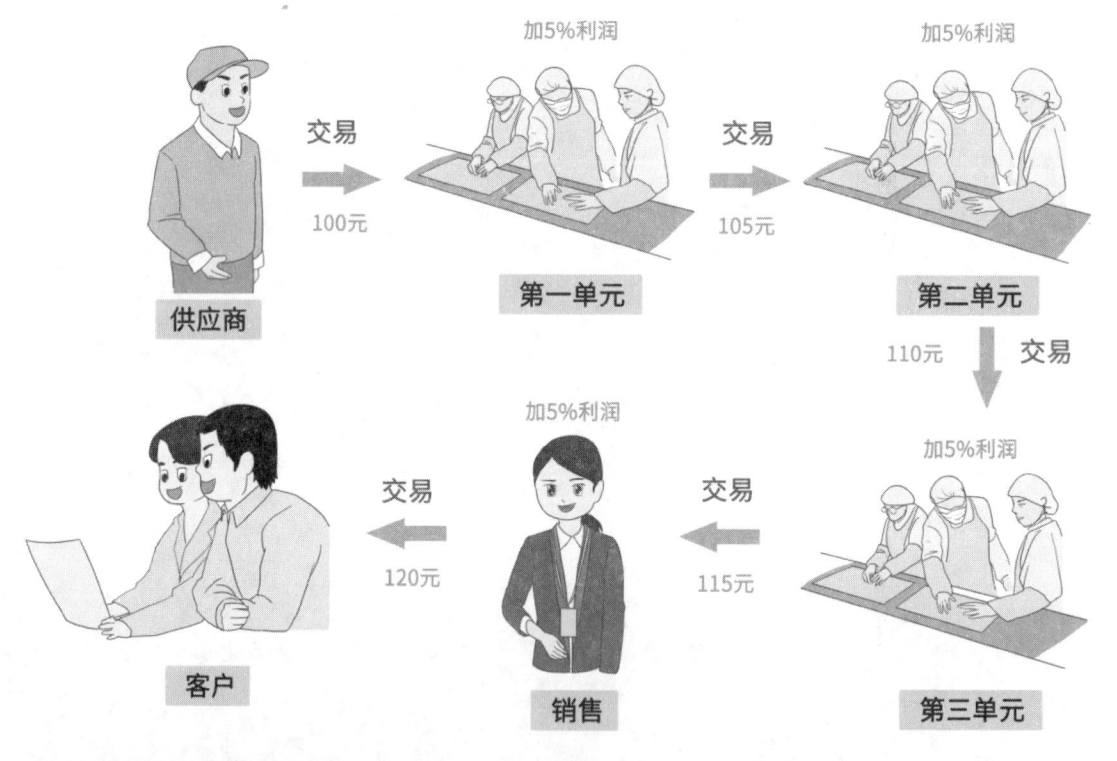

第二步：统计经营结算表

填写并统计一张类似家庭收支表的"结算表"，谁都能看得懂，并且做到每天统计每天公开。阿米巴经营报表可以让员工第一时间知道公司的业绩。公司业绩好了，才能使自己安心工作，因为员工自身和他的家庭与公司的经营业绩息息相关。

阿米巴经营报表让员工清晰地知晓自己公司的经营状况，改变其以往的工作习惯，把利润作为工作目标，准确地说是"单位小时附加值"。它让每个人清晰地知晓，谁在给公司创造利润做贡献，以此形成内部PK增加压力。

销售部			制造部			研发部	
项目	目标值		项目	目标值		项目	目标值
收入	1000元		收入	1000元		收入	1000元
费用	600元		费用	600元		费用	600元
水电费	200元		材料费	200元		材料费	200元
差旅费	200元		水电费	200元		水电费	200元
广告费	100元		差旅费	100元		差旅费	100元
折旧费	100元		折旧费	100元		折旧费	100元
利润	400元		利润	400元		利润	400元
工时	10个工时		工时	10个工时		工时	10
单位小时附加值	40元/小时		单位小时附加值	40元/小时		单位小时附加值	40

三、组织设置和定价

（一）组织如何划分

1. 组织分为两类：一类是创造利润的结算部门，另一类是以间接部门为主的只能作为成本中心的非结算部门。

2. 巴主要在创造利润的结算部门内部进行设置。

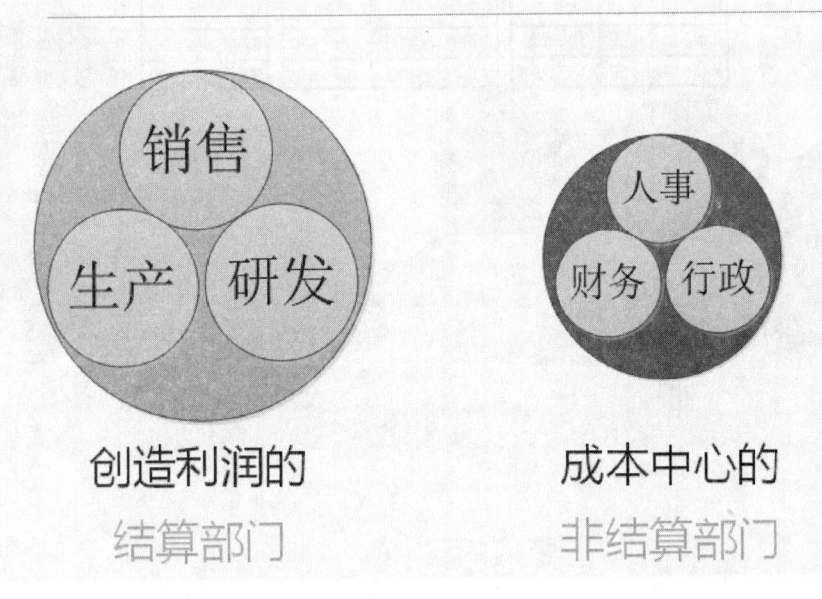

如何设置阿米巴

创造利润的 结算部门（销售、生产、研发）

成本中心的 非结算部门（人事、财务、行政）

3. 制造部门一般按产品种类和工序来划分，非结算部门的经费由各个巴共同承担，一般巴 5~10 人，这个人数也在人的管理能力之内。

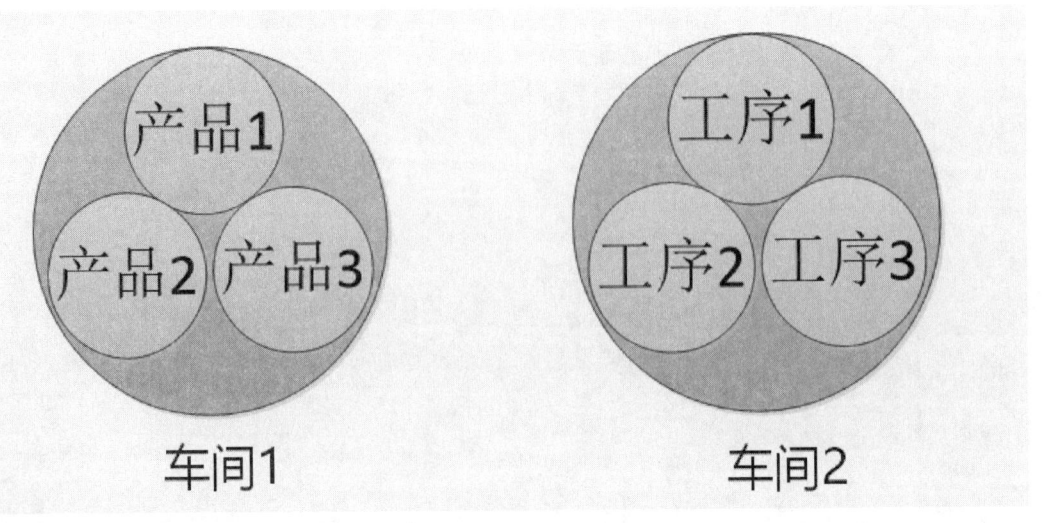

车间1：产品1、产品2、产品3

车间2：工序1、工序2、工序3

（二）成为阿米巴的条件

1. 必须是可以"独立核算"的部门，可以明确收入来源的。
2. 作为最小单位的阿米巴，必须是一个能够完整地进行交易的单位。
3. 在分割的时候注意，能否让公司整体的目标和方针可以落实贯彻执行。

（三）传统——销售成为利润中心

一般生产型企业是把销售作为利润中心，生产作为成本中心。离市场很远的财务部门依据往年经验设定一个标准成本，降低X%作为生产管理标准，向上乘X%作为销售价格。这早已不适应市场价格多变的今天。一旦市场价格突然降低，很容易积压库存导致赤字。

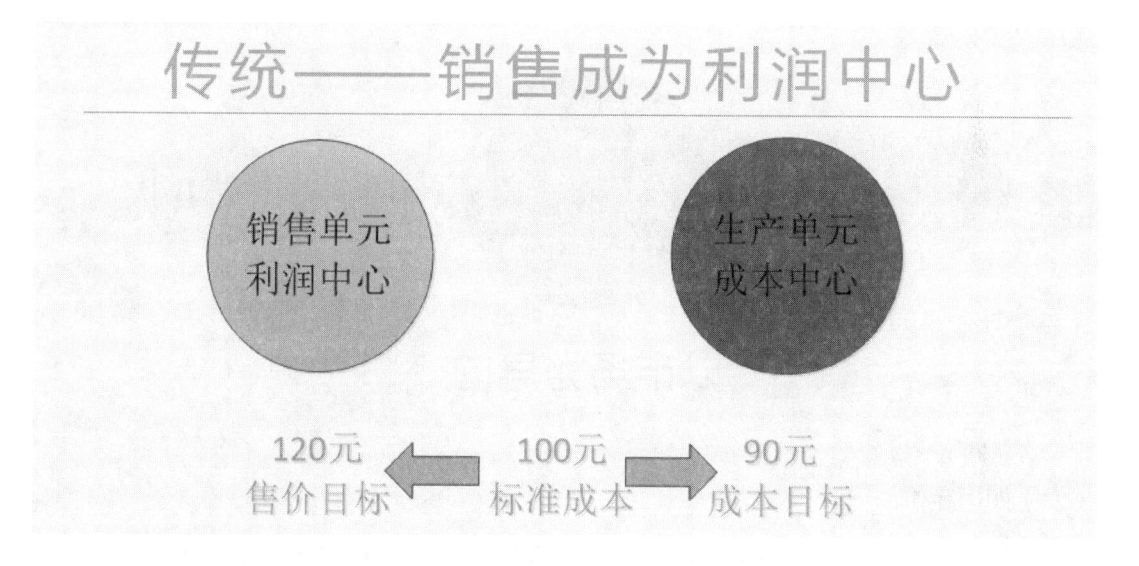

传统——销售成为利润中心

销售单元 利润中心

生产单元 成本中心

120元 售价目标 ← 100元 标准成本 → 90元 成本目标

（四）传统预算制管理的问题点：

	销售部门	生产部门
KPI 考核点	关注市场价格缺乏成本意识 KPI 只盯回款额 利润被怠慢了	KPI 只关注成本控制在预算内 不关心市场价 算不出利润
当没有利润时	我们售价确实不高，但是这是市场行情价格，否则没人会买我们产品	我们生产成本控制在预算内了，没有利润是因为售价低
可怕的事发生了	只有到期末才知道是否出现亏损，平时不能及时地调整对策

预算制：年底预算一定全部花完，但是利润不一定达成。

阿米巴：阿米巴领导对提高销售额和实现利润负责，经费是为了确保利润而花费，如果不能按计划完成利润目标，预算费用项目也不能执行。

（五）现在——生产成为利润中心

实际上制造业的生产部门是一个只要努力就能做出很多利润的宝库。如果能让制造部门有结算意识，就能挖掘出很多创新潜能。阿米巴则是让生产现场紧密地伴随着市场价格的波动而运作。实际上价格本来就是由客户决定，并不是按"成本 × 利率"得出，顾客能出钱购买的价格就是市场价格，厂家要以市场价为前提来考虑如何生产制造才能保证利润。

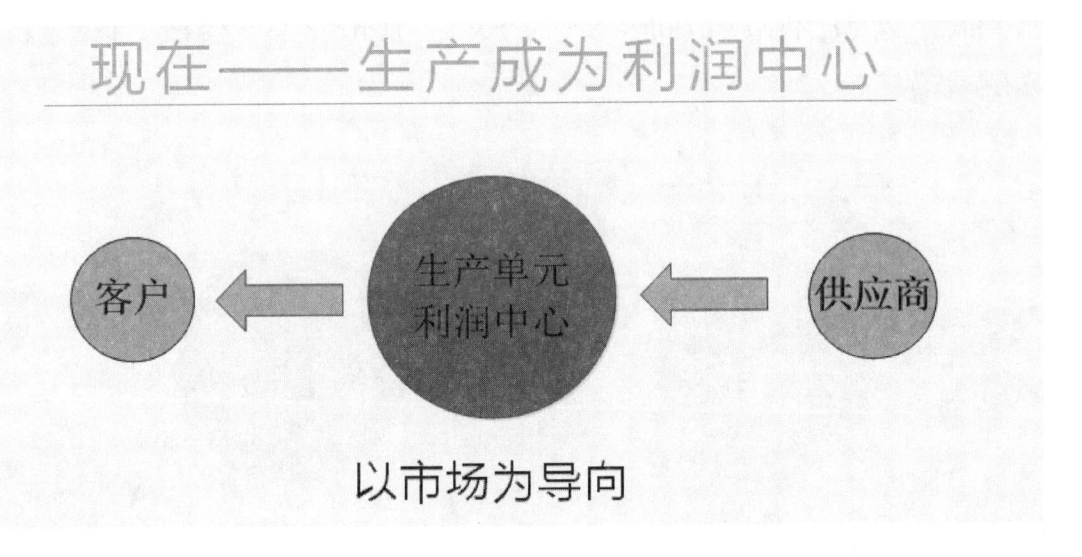

现在——生产成为利润中心

客户 ← 生产单元利润中心 ← 供应商

以市场为导向

（六）如何定价

稻盛和夫：定价为经营之本，决定价格的时候，需要找到一个点，这个点，客户高兴，厂家也高兴。

这个点需要经营者听取制造部门和销售部门意见，并定出价格。

常规企业生产部门和销售部门关系不好。但在阿米巴，生产部门和销售部门命运是在一起的，因此关系很融洽。

四、经营结算表

经营结算表的格式如下表,一级科目分为收入、变动费用、固定费用、分摊费用等几个部分。在一级科目下面再细分二级科目,有些企业根据需要可以再设置三级科目:如外部收入具体细分为哪些产品类别的收入;材料费具体是哪些主要材料的费用。每个科目再统计目标值、实际值和差异值。

这种一级科目的分类方法主要是为了计算边际成本。具体怎么分,每个企业可以灵活应用。尤其小企业更要灵活,如果主营收入主要就靠几个大项目的话,也可以把项目作为二级科目,以便直观看到每个项目的收支情况。

这里提供的案例格式仅仅是为大家打开一个思路,实际我们在设计信息化软件的时候,只有月度统计表是按这样的格式。需要统计每个部门之间的横向比较,同一个部门内部每个人之间的横向比较;同一个部门或者人按不同时间段的纵向比较,如最近7天,最近4周,最近3个月,最近4个季度,最近3年等。

目标值可以对应部门,也可以细化到每个人,一般是指定到二级分类,也可以根据需要细化到三级项目。目前大多数企业结算表是用EXCEL统计,所以多数人见到的就是这个格式,当信息系统流行后,报表可以快捷地按多种维度去设计,也可以在微信上做成小程序,以便每个人随时看到数据。

阿米巴结算表					
类别	二级科目	三级科目	目标值	实际值	差值
收入	净收入				
	对外销售	具体细分项目			
	回收金额				
	内部销售				
变动费用	总费用				
	原材料	具体细分项目			
	运输费				
固定费用	总费用				
	劳保办公耗材				
	水、电、燃料费	具体细分项目			
	……费用				

续表

类别	二级科目	三级科目	目标值	实际值	差值
固定费用	场地、资产折旧费				
	外部费用分摊				
分摊费用	人力成本总额				
	管理人员工资				
	总部管理费用				
利润	利润				
	当期单位时间核算值				
	利润/人				
人员	人数				
工时	总工时				
	正常工时				
	加班时间				
	外部工时分摊				

五、经营哲学

因为每个阿米巴只关注自己的利润最大化,在内部定价的时候必然发生矛盾冲突。如果只有嗓门大、脾气不好的人占到便宜,人品好的反而吃亏,长此以往就会出现恶性循环,为了内部经营公平展开,必须重视负责人的人性,需要扪心自问什么才是正确的、公平的。

用任正非的话讲:管好干部、分好钱。

用中国军队的方式看:政委和军长,党指挥枪。

可见思想教育是多么重要!

(一)领导者的两个任务

阿米巴是一个小组织,其领导者必须认真、全心地去经营它。

> **让部下幸福**
> **让部下有目标、有干劲、有梦想**

让管理者成为团队的守护者、组织的引领人,让领导者成长为优秀的经营人才,必须强调做人的价值观和理论观,这就是在京瓷集团长年孕育而成的京瓷经营哲学。

(二)利他之心

如果都用利他之心作为判断标准,周围的人也会非常愿意伸出援助之手。不以自我为中心,事业向外拓展就会变得开阔,就更加容易做出正确的判断。利己之心只会让视野狭窄,做出错误判断,能力强的人往往会有这种倾向。

（三）人生方程式

人生事业的结果 = 思维方式 × 热情 × 能力

热　　情：0 分—100 分之间

能　　力：0 分—100 分之间

思维方式：-100 分—100 分之间

思维方式：总是带着否定和批判思维的人是负分。乐观向上、正向积极，思考方向总向积极方向去努力的人是正分。

如果思维方式是负面思维，是负分，和热情、能力相乘的结果整体就是负数，而且能力越强，负数越大。看看我们的员工，是不是总有个别人总是找借口，针对一件新的工作，不是想方法怎么去完成，而是先提出一些不能完成的借口和理由。

人有人格，公司也有品格，我们要将公司发展为一家受世人尊敬的拥有高品格的公司。

（四）相信的力量

历经磨炼之后稻盛和夫领悟到：人心非常弱也容易受伤，不可依赖。但是一旦他们被强大的信赖关系连接在一起，那将是强大无比、无坚不摧的力量。

马云不懂互联网，他的十八罗汉刚开始比他还不懂互联网，只是因为相信马云而激发出强大的力量。任正非在 150 平方米厂房内整天带着员工喊战胜爱立信，这些都是相信的力量。

（五）知道与执行之间存在天壤之别

《致良知》：心即理、知行合一、致良知。早睡早起、勤锻炼身体好，道理很简单，人人都知道，但是就是没有落实到行动中去。需要把观念深入思维习惯，就需要每天去教导，形成脑海中的思维潜意识，为此稻盛和夫编制了《京瓷经营哲学手册》。每一页都有一条经营哲学和对应的解释，京瓷人手一本。平时通过各种机会组织大家进行学习和讨论，以此渗透经营哲学。每个阿米巴都会在早会上选出一条经营哲学，大家一起讨论,加深理解。

《京瓷经营哲学手册》其中代表性的就是"稻盛经营十二条"和"六项精进",选取几条如下:

1. 明确事业的目的和意义(使命)。

2. 销售最大化,经费最小化——经费受利润完成所控。

3. 定价即经营——阿米巴的领导好像都在头上装了价格天线,对原材料、外加工、竞争对手价格都非常敏感,这样才可以做内部价格谈判。

4. 燃烧的斗魂——陷入前进后退都是地狱的时候,一边要保护好员工,一边还要战胜一切艰难险阻,必须要有强大的斗志,也要有善良诚实的心。

经营哲学总结

稻盛和夫经营哲学就是中国的传统文化和企业文化的结合,建议直接把《道德经》《论语》拿过来读就行了。这两本研究完,剩余的时间再读佛学。学习国学是最容易统一员工思想的方法。中国传统文化博大精深,本人是对中医感兴趣,从《中医基础理论》开始的,后来学习经络、太极、养生气功、佛学、《道德经》……

六、案例分析

案例一：《天道》的故事

2006年上映的《天道》电视剧，讲的是为了兑现一个承诺，商界奇才丁元英（王志文饰）帮助一个贫困村发展音响制造业，最终脱贫的故事。

电视剧里把音响生产划分为很多道工序。每个工序都由农户承包加工，农户之间签订好交易价格及合同。剧中海归的学院派管理高手韩楚风和丁元英有这么一段经典对话：

韩楚风： 凭借80万的资金、几个发烧友和一帮等待扶贫的农民，可能吗？

丁元英： 乐圣是因为矛的锐利而无需用盾，我这是既无矛可攻也无盾可守，所以只能借用乐圣的矛了。

韩楚风： 这盘菜，可不是人人都能吃的，如果只是扒着井沿看一眼再掉下去，那可是饱了眼福，苦了贪心，又往地狱里陷了一截儿啊。

丁元英： 所以这事得拆分为发烧友的公司和农户生产两部分。允许几个股东扒井沿，能不能爬上来取决于他们自己。对于农民，从基础设置就不给他们期待天上掉馅饼的机会。我救不了他们，我能做的就是通过一种方式，让他们接受市场经济的生存观念，能救他们的只有他们自己。

韩楚风： 你是在农村的地盘上和农户打交道，如果不把农户纳入公司的统一管理，产品的成本和质量怎么控制？各个方面的矛盾和利益怎么解决？

丁元英： 不能管，一管就死了，连解决问题的机会都没有。

韩楚风： 怎么讲？

丁元英： 农户生产，农民得从吃饭睡觉的房子里挤地方，得呼吸油漆的有毒气体和立铣打磨的有害粉尘。这里边有劳动时间的问题，有使用童工和老年工的问题，有社保、劳保和环境污染的问题。农户能拼的是什么呢？就是拼在不是人待的地方干不是人干的活，拼的就是不是个人。如果纳入了公司，公司在法律条款面前是一天都活不下去，所有的矛盾都会转嫁为农户跟公司的矛盾，那时候就不是产品质量和成本问题了。

韩楚风： 一管就掉到坑里，有道理啊，可要是不管那不乱成一锅粥了。

丁元英： 农民也不是铁板一块，这个矛盾没了那个矛盾就出来了。没事，有利益驱动着，让他们自己管自己。

韩楚风：怎么个治法？

丁元英：从毛坯板到成品板，这里面有若干个环节，一个环节制约一个环节，都是现金交易，谁出了问题谁承担损失，不影响别人的利润。允许他们有一个出次品抬高价格的这样一个过程，让市场去纠正他们，让经济杠杆去解决质量和成本问题。这事不适合学院派的打法，我这是不入流的野套路。

韩楚风：法无定法，存在决定意识，有道理！

该电视剧里的经营手法和阿米巴如出一辙，讲这个案例的目的是想给大家打气。一群文化不高的农民，在环境比较差的村庄里，资金也很紧缺的情况下，都可以把阿米巴运行起来了，何况我们呢？所以不要再说阿米巴不适合中国企业，不要再说阿米巴很难执行……当然我也不想听到阿米巴这个词，因为它本身就源自中国。

关于经营哲学部分，该电视剧中最经典的对白是五台山论道，大师问丁元英何谓真经，丁元英回答如下：

所谓真经就是能够达到寂空涅槃的究竟法门，可悟不可修。修，为成佛，在求；悟，为明性，在知。修行以行制性，悟道以性施行。觉者由心生律，修者以律制心……

> 点评：生产型企业，尤其工序流转型的，可以参考《天道》故事案例。经营哲学部分，可以用国学教育，也可以悟道，当悟道后，人会产生敬畏之心，从而自发地产生利他思想。

案例二：某连锁店面

面临难题：利润很低、员工擅自带商品回家，仓库混乱；店铺和商铺之间很少有建议性的沟通；商品卖不掉相互踢皮球推卸责任；商品部责怪卖不出去是因为店铺不会卖；店铺责怪商品部进货不好。

内部划分　合作对价

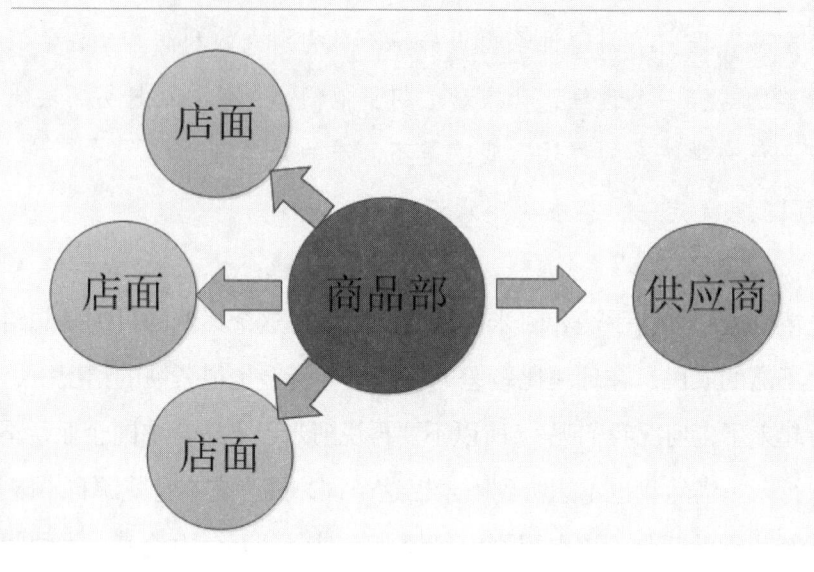

```
        店面
         ↑
店面 ← 商品部 → 供应商
         ↓
        店面
```

设计方案如下：

1. 将公司总部负责进货的商品部作为结算部门，然后由商品部对店铺支付合作对价。

2. 对仓库和店面出现的损坏和损失，召集部门负责人协商谈判承担比例。

最终结果：

因为结算表数字公布，商品部采购为了将数字做得更好，积极与店铺联系沟通，希望了解哪些商品更受欢迎。

因为可以获得合作对价，店铺积极向商品部提出进货建议。它们之间沟通变得紧密了。

> 点评：如何选取独立核算单元，生产型企业把生产部门作为重点，连锁超市把商品部作为重点，首先都不是销售端，但是不代表销售端不独立核算。

案例三：韩都衣舍小组制（该案例很热门，网上都可以搜到）

韩都衣舍当时面临两种组织模式：一种是传统服装企业的串联模式，从服装设计到采购，再到生产和销售；另一种是并联模式，也就是采用包产到户的方式，让每个品牌、每个款式都是一个相对独立并列的小组。每个小组由三人组成，包含产品设计、页面详情设计、库存订单管理三个核心岗位，三人中资历和能力强的兼任组长。

产品设计等同于传统企业的产品研发，这里包括面料、款式、颜色、尺码等的选择。

页面详情设计类似传统企业的市场和产品管理。主要是产品定价、产品定位、产品特色、卖点提炼、页面视觉设计、市场活动策划等，与公司核心服务层的客服、摄影部门进行沟通协作。

库存订单管理就是传统企业的供应链管理，包括打样、下订单、签合同、协调生产、库存管理等，负责给公司核心服务层的供应链、仓储物流下订单。

公司平台为所有的小组提供共性的 IT 平台支持、物流仓储服务、样品摄影服务、客服和供应链服务。

五位合伙人针对这两种组织模式讨论了若干个日日夜夜，但达不成统一意见。最后赵迎光说，那就两个模式同时启用，并行三个月，等三个月后再做决定。于是办公区被分成南、北两大区域。运行的三个月中，发生了有趣的现象，每天晚上下班，南区的员工基本到点就走光了，而北区则是灯火通明，很多时候甚至是被物业赶着离开办公区下班的。三个月下来，北区业绩超过了南区。

这两种模式的本质问题是：企业是以产品为核心，还是以用户为核心？如果是前者，就必须按照传统组织架构模式，设计师设计产品之后，层层将经营任务向各专业价值链分解，用考核监督的方式确保每个部门完成既定目标，这种组织架构中，设计师是核心；如果是后者，就必须让设计师与用户直接对话，把用户的需求转化为产品，然后再组织公司其他部门完成产品，这种组织模式中，用户是核心。

平台式插排组织，解决了传统组织中的顽疾，带来了以下几个优势：

1. 提高经营决策效率

产供销一体化的大型制造企业，最大的问题在于用户的问题或是基层的问题要层层汇报，最高管理层决策之后要层层落实，各同级部门之间还需要相互协调，最终会导致企业内部出现严重的"大企业病""决策效率低下""人越多越忙"等问题，韩都衣舍直接面对用户的 270 多个自主经营体，相当于有 270 多个小老板在自转，任何一个用户的问题都会在最短时间内解决。

2. 内部自主经营体之间不断 PK 对标，持续提升整体竞争力

因为都是类似的小组织，自然可以打开经营过程数据对标，"糊弄老板""隐藏问题""管理效率低下"等事情均会被对标杜绝。

3. 降低整体经营风险，不把鸡蛋放在一个篮子里

在多个自主经营体共存的模式下，每家买入和卖出都是各自负责人决策，从集团整体层面杜绝了极端结果的出现。

4. 解决员工晋升发展和有效激励的难点

让企业成为平台，内部员工都在该平台上为自己打工。

5. 更贴近市场和用户

为什么优秀的企业一旦做大就会出现"店大欺客"？这是因为组织庞大之后，内部人都是"对老板负责"，不再"对用户负责"，解决这个问题的根本就是让用户成为每个自主经营体的"老板"，让用户的钞票给自主经营体投票。

> 总结：韩都衣舍的小组制，其实就是前面章节组织驱动机制中讲的铁三角打配合，公司整体提供平台支撑，这就是华为的影子。阿米巴思想体现在把"小组制"作为独立核算单元，但是韩都衣舍成立以来没有淘汰"淘汰机制"，以透明的利益共同体驱动，让小组之间更新迭代。比如这个品牌有20个小组，每天早上10点钟就有政委公布昨天销售1到20名的一个排名。每一个小组为了名次能靠前一点，即使没有加班制度，也都自觉加班。这样整个公司就处于一个非常积极的工作状态。另外对核算单元明确：责、权、利。
>
> 1. 明确责任：制定每个小组的销售额、毛利率、库存周转等指标。
> 2. 给予权利：产品设计、价格和打折等方面权利，都由小组自己定。
> 3. 小组分配利益：每天都可以自己算出来赚多少钱。所以小组的利润和奖金不是由公司来决定的，而是每一个小组每天自己赚出来的。

案例四：餐饮海底捞（该案例很热门，网上都可以搜到）

其实每个阿米巴案例无非就是体现在精神和物质两个方面，餐饮服务人员多来自社会底层，所以在家文化方面体现明显。

1. 充分授权

让员工有主人翁感，让一线的员工当家做主，人人成为经营者，这也是阿米巴经营所追求的主要核心价值。

海底捞的授权到了什么程度？海底捞的服务员，有权给任何一桌客人免单。对的！是服务员不是经理，是免单也不是免一两个菜品。送菜、送东西之类的就更别提了。

2. 提供员工最好的待遇

待遇不仅仅是钱的问题，餐饮行业大多包吃包住，但很多餐饮企业服务员住的是地下室，吃的是店里的伙饭。海底捞的宿舍一定是有物管的小区，虽然挤一点，但是档次是高的。海底捞的服务员日常起居由专门的阿姨统一照管。新员工培训包括日常

海底捞文化逻辑链

把员工当成家里人
↓
员工把公司当成家
↓
用心服务
↓
客户满意

生活技巧,帮助学历不高的他们融入城市生活。

3. 尊重员工的想法

尊重不仅仅来自待遇,不仅仅是让他们住得好吃得好,而是尊重每一个想法。现在被诸多火锅店抄袭的眼镜布、头绳、塑料手机套,这样的一个个想法,竟然是出自一些没有什么文化的服务生。并且,这一个个点子,就如此复制到了每一家店面。

4. 在物质方面,设计了三级分销裂变机制

鼓励店长培养徒弟,可以分到徒弟店面利润的提成,但是前提是考核级别为A才可以拿提成。A级店的店长有资格当师父,师父自己选择徒弟,公司不干涉人选,但对"家族"人数限制为5~12人,并且教练组会设置资格考试对徒弟进行认证,合格者成为储备店长。

七、总结

阿米巴的意义——培养具有经营意识的人才

- 像老板一样思考增效降本
- 紧盯市场信息
- 带好下属
- 团队之间上下游协作
- 共同目标、同甘共苦、相互努力、共同燃烧

果蔬阿米巴　　肉类阿米巴

咸菜阿米巴　　糕点阿米巴

把超市划分为 4 个独立核算单元

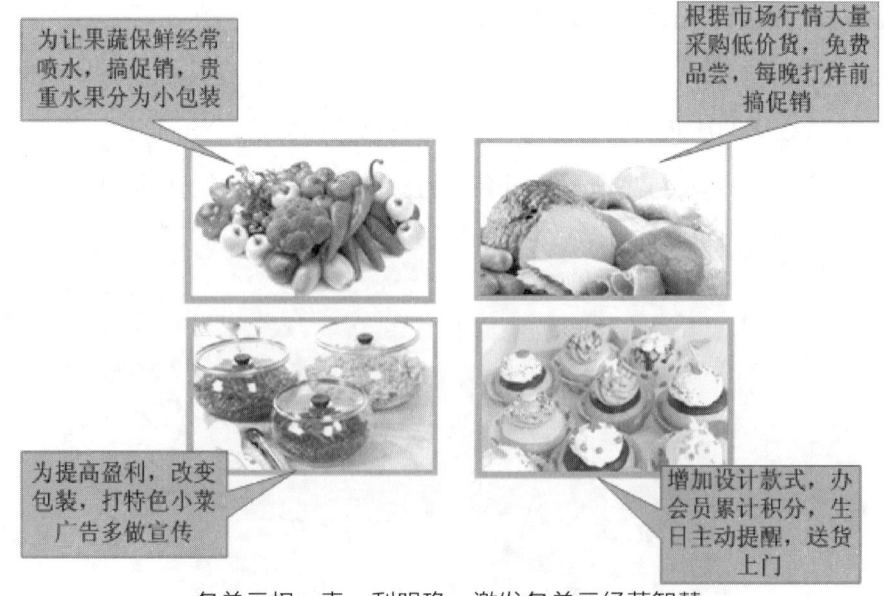

为让果蔬保鲜经常喷水，搞促销，贵重水果分为小包装

根据市场行情大量采购低价货，免费品尝，每晚打烊前搞促销

为提高盈利，改变包装，打特色小菜广告多做宣传

增加设计款式，办会员累计积分，生日主动提醒，送货上门

各单元权、责、利明确，激发各单元经营智慧

第六章

行为积分——基层激励

一、积分管理原理
二、制度梳理
三、分值划分方法
四、奖惩单执行方法
五、表彰会执行案例

本章导读

有不少人学过积分制管理的课程，本书对积分的应用与传统积分管理存在一些差别。因为本书不是只讲积分，所以回归了积分管理本该合适的用途。前面讲了阿米巴经营哲学、价值观评估，本人主张把行为积分作为哲学和价值观的补充。用积分管理的表彰会体现对员工的认可，通过树标杆、树雷锋，营造积极向上的企业文化氛围，为经营哲学的落实提供系统支撑，为价值观的评估提供重要事项的记录支撑。

树标杆、树雷锋的目的是什么？不仅仅是营造正能量环境，更是以此为领导者发生——企业需要这样的人。

一、积分管理原理

（一）给高工资是否会使员工更积极

老板角度：给了高工资，员工应该主动做事。

员工角度：很多事做了也白做，做错了还被责怪，不做也是拿那么多工资。

烟草、电力系统，工资待遇很高，但是工龄越长，反而越没有积极性。

结论：积极性和工资有关联性但非关键因素

不积极根本原因

没有被得到及时认可

没有被记录、公告

和奖金、工资、晋升无挂钩

做和不做都一样

人的本性是趋利避害、希望被认可。一个是物质层面，一个是精神层面，前面讲的组织驱动机制、阿米巴都是从这两个角度去激励的。华为组织驱动机制强调满足个人的目标是实现其一生幸福和伟大荣誉，阿米巴强调核算清楚了和人心变美了。

人都希望被及时认可，想想平时微信发个朋友圈，不也是为了被点赞吗？我们要让好员工不吃亏，华为宗旨是绝对不让雷锋吃亏，好行为都应记录下来。

行为积分主要是用来对员工行为给予及时的认可表彰，并给予分值记录，各种行为以后都会和奖金、工资、福利、晋升挂钩。

人的本性

趋利避害

希望被认可

（二）交通法管理

看看交通法是怎么管理的：闯红灯扣 6 分，超速不同程度扣不同分值，将制度和分值挂钩。平时针对违法行为进行实时开罚单，年底对扣分做汇总排行，该重修重修，该交罚款交罚款。平时谁敢违反交通法？反过来看看我们的制度，跟分值挂钩了吗？厚厚一叠，谁能记得住？

交通法制度　　　　　　　　　　　　实时开罚单

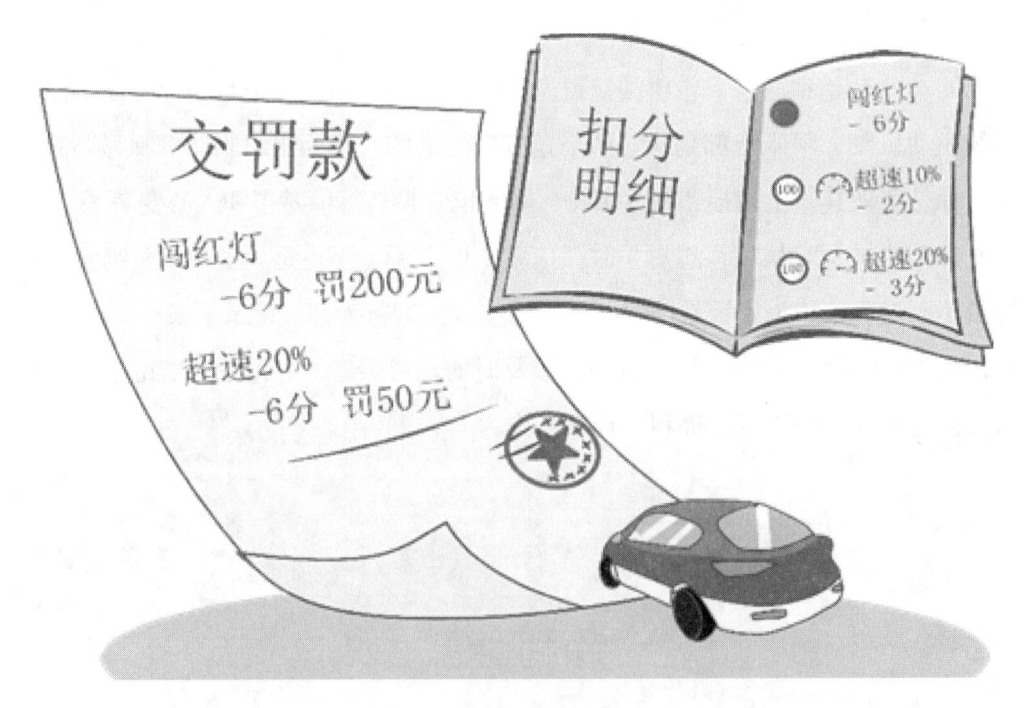

每年累计处理

（三）企业管理也一样

企业管理也是一样，制度和分值挂钩，及时奖惩公告，月底得分排行，开表彰会，落实企业文化。

制度分值量化颁布

平时及时奖惩表彰　　　　　　　　年底依据得分排名奖励、表彰

（四）积分管理原理

依据人的本性趋利避害和被及时认可的特点，通过奖惩单进行点对点的实时奖罚，用于引导员工行为习惯，并对奖惩分值做多角度累计积分排行，依据排行与其

利益挂钩。

积分管理原理

积分管理：

- 以制度形式把行为用分值量化
- 依据制度，通过奖惩单进行点对点的实时奖罚，引导员工行为
- 对奖惩分值做累计积分排行，依据排行做各种奖励（晋升、福利、奖金……）

二、制度梳理

以前想到制度，就想到那厚厚的一叠纸，制度没人看就失去了意义。我们可以把制度分为通用制度和专项制度两大类：一类是指导职业素养、为人处事、公司纪律方面的通用制度。一类是指导岗位职责量化标准的说明，可以归到专项制度中。还有就是具体指导工作如何执行的操作手册类文件，也叫 SOP。SOP 部分一般跟 ERP\OA 类信息系统配套，这部分的行为可以在专项制度中去体现。

（一）通用制度分类（仅供参考）

1. 日常行为

（1）出勤

（2）行为、仪表

（3）环境、安全

（4）会议、培训

（5）食堂、宿舍

2. 突出贡献

（1）经济贡献

（2）高难度工作

（3）提案改善

（4）合理化建议

（5）重大贡献

3. 团队建设

（1）个人能力成长

（2）团队能力成长

（3）团队配合

（4）熟悉信息系统

（5）企业文化落实

4. 违纪高压

（1）不诚信不道德

（2）擅用公司设施

（3）违法行为

以上是通用制度的分类举例，每一类里再制定具体的制度条款，举例如下：

大类	小类	制度条款	分值
日常行为	出勤	每月工作全勤者	+5
	出勤	员工每加班 1 个小时	+1
	出勤	上下班不打 / 刷考勤卡	-2
	出勤	迟到 / 早退 10 分钟以内者	-1
	出勤	迟到 / 早退 10 分钟以上者（迟到超过 1 小时以上，按旷工半天处理）	-2 起
	出勤	员工旷工半日（扣发半日薪水）	-5
	出勤	员工旷工 1 日（扣发 1 日薪水）	-10
	出勤	旷工连续 3 日或全年累计 5 日	-10
	出勤	伪造出勤记录或伪造病假资料者（假条、病历等）	-10

（二）专项制度分类（按岗位 / 专项事务）

1. 销售
2. 采购
3. 仓库
4. 财务
5. 生产
6. ……

如果按岗位划分的话，就类似岗位职责了，可以和岗位职责一起规划，甚至结合华为任职资格评估体系，区分不同的层级职责。梳理岗位职责专项制度可以遵循以下几个原则：

好制度六大原则

满足需求
顺应人性
差异化
简单易懂
符合法规
达成共识

好制度五大原则

要事第一
几步成事
步步何为
分工到人
持续改进

如仓库职责：

1. 有哪些重要的事项；
2. 每个重要的事项要分哪几步去执行；
3. 每步执行应该怎么做，需要有个衡量标准，什么样叫合格；
4. 每步对应到谁负责；
5. 持续改进事项。

三、分值划分方法

（一）AB 分法

学过积分制的读者，可能看到更多的是 A、B 分。

A 分（产值）：和绩效工资挂钩。

B 分（能力+行为）：和工资无关，只和员工长远福利有关，只为引导员工好的行为习惯。

B 分采用竞赛制，而非满分制。

> 专门讲积分制管理的，可能会存在把积分制管理功能放大的趋势，这是任何行业的本性。我的观点是积分仅仅是针对行为的认可，用于评价一个人的职业素养和为人处事，用于构建积极向上的企业文化氛围，所以我认为它和薪资无关。薪资和能力、任职资格、KPI、分红、奖金有关。

（二）ABCD 分法

还有一些老师在 AB 分基础上做了改进，把 KPI 结合进来，加以完善。

A 分：一般行为，如迟到一次扣 1 分，这属于一般行为。

B 分：原则行为，如经常迟到，这就属于原则性的行为了，要加重扣分。

C 分：关键考核分，这就是 KPI 考核分。

D 分：固定分，也叫能力分。把工龄、学历、技能、特长、荣誉等做量化评分。

最后总分 =A+B+C+D，采用满分制。还有一套对应的 10 阶激励措施，如累计分值达到 1 阶怎么奖励，达到 2 阶怎么奖励……

（三）行为分法

这是我总结的方法，即不分 A、B、C、D，不用字母代替，直接用汉字取代，如日常行为分、突出贡献分、团队协作分、危机高压分、能力胜任分……名字怎么起根据自己的需要来，也可以随意变化，看起来比较直观容易理解。

其中考核分可以独立，也可以和前面的各种行为分加总，根据自己的管理特点来确定，整体方向是行为分采用竞赛制，不用满分制，鼓励好行为。

人员月度得分汇总

岗位	姓名	能力分	日常行为	工作行为	团队建设	突出贡献	……	总分	考核分
总经理	王二	20	30	30	60	15		155	80
副总	李三	20	30	30	55	12		147	85
市场经理	张四	20	30	30	50	9		139	90
生产经理	王二	20	30	30	45	9		134	70
采购经理	李三	20	30	30	45	9		134	75
仓库经理	张四	20	30	30	40	9		129	80
品质经理	王二	20	30	30	40	9		129	85
财务经理	李三	20	30	30	40	9		129	90
工程经理	张四	20	30	30	40	9		129	70
市场文员	王二	20	30	30	35	9		124	75
工程经理	李三	20	30	30	35	9		124	80
生产文员	张四	20	30	30	35	9		124	85
采购员	王二	20	30	30	35	9		124	90
仓库	李三	20	30	30	35	9		124	70
品质文员	张四	20	30	30	30	9		119	75
总账	王二	20	30	30	30	9		119	60
工程师	李三	20	30	30	30	9		119	50

（四）能力分

以上几种分值分类方法中，都涉及能力分，或者叫固定分，不管名字怎么叫，就是把工龄、学历、技能、特长、职称、荣誉证书等，也用分值量化，且每个月都加分。

工龄： 满1年每个月加3分，满2年每个月加6分，满3年及以上每个月加9分……

学历： 中专每个月加1分，大专每个月加3分，本科每个月加6分……

技能： 计算机每个月加3分，office每个月加3分，英语每个月加3分……

职称： 初级、中级、高级……

荣誉证书： 获得企业、社会的表彰奖励、证书……

四、奖惩单执行方法

（一）奖惩单格式

奖惩单

奖惩对象	王某某		日期	2018年8月28日
制度条款				
事迹描述				
得分分类	突出贡献	加扣分值	加5分	
制单人	王科长	初审人	刘经理	终审人	王副总

（二）奖惩单审批

1. 把制度分等级，不重要的制度（分值低的）由部门领导直接审批。
2. 重要一点的制度（分值较大的）需要经过高层审批。
3. 比较重要的制度（分值偏大的）可以经过运委会集体审批。

（三）怎么执行不增加管理成本

1. 奖惩单可以由员工自行申请，上级领导审批，用碎片化时间处理。
2. 授权给中层，由中层根据自己管理需要做奖惩登记，用碎片化时间去处理。
3. 出勤、日报、周报可以跟钉钉、企业微信、OA系统对接，或者可以EXCEL导入，这样每个月导入一次，也不占用时间。
4. 能力分部分，可以借助信息系统每个月自动产生。
5. 高层针对重要的奖惩做记录，如突出贡献类的、高难度工作、重要合理化建议、避免重大质量安全事故……

五、表彰会执行案例

每个月要举办表彰会，对优秀员工给予表彰奖励。表彰会和月总结会可以结合在一起举办。表彰仅仅作为月度总结会议的一个环节，有些企业把每个月的生日会、发奖金都集中到一起举办。

这是某公司月度表彰会，有人负责主持，有人负责录像，有人负责准备PPT，有人负责控制音响，有人负责管理礼品……很多老板会想，又要增加人工成本了。实际上根本不需要，每个月都是很多人主动报名申请要担当什么职责，因为他们做完事后，自己会主动填写奖惩申请单。

表彰会现场，员工得到物质与精神荣誉、掌声和领导的表彰发奖认可。鼓励大家上台，口号是"台上一站、成功一半"。鼓励快乐氛围，在快乐中工作、学习、成长、团结、奋斗。

得分排行靠前的员工上台分享自己的工作心得：自己是如何落实公司文化的，即如何带着使命意识去服务客户的。当然自己的成长除了靠自己的勤奋努力，更离不开领导的指导，离不开同事比如谁谁谁的鼎力协助。在此，对你们表示深深的感谢。

员工在公司得到了成长，自己的价值得到了体现，被领导与同事认可，人生充满了自信。这是公司给了她价值和信心。有那么好的领导、那么好的同事，在此感到无比的欣慰。言语间，不知不觉，潸然泪下，她此刻心情充满激动，把自己最真的一面呈现在大家面前。

表彰会流程举例

XX电子·第十期快乐大会&成人礼
2019年10月26日快乐大会时间表

时间	会议开启
开始·主持人暖场	
9:00-10:00	会场布置准备
10:00-10:05	主持人暖场开场
环节一·成人礼	
10:05-10:15	电商5位转正发言
10:15-10:20	某某&某某&某某 颁奖
10:20-10:26	某某&某某转正发言
10:26-10:32	某某&某某颁奖
10:32-10:40	某某&某某 转正发言
10:40-10:50	某某&某某颁奖
10:50-10:55	样品部司某某转正发言
10:55-11:05	某某颁奖
环节二·战袍宣誓签名	
11:05--11:10	成人礼宣誓+签名+手印
11:10--11:17	10位精英与BOSS合影并致辞
环节三·快乐积分兑奖	
11:17-11:20	主持人介绍抽奖规则&礼品
11:20-11:25	表现分1-5名抽奖
11:25-11:30	1-5名随机发言
11:30-11:35	表现分5-10名抽奖
11:35-11:40	5-10名随机发言
11:40-11:45	内部积分TOP1(共计8名)抽奖
11:45-11:50	内部积分TOP1名随机发言
11:50-12:00	"珠行万里"游戏环节
环节四·10月生日会	
12:00-12:05	生日会17位生日嘉宾
12:05-12:10	送礼物环节&蛋糕环节
环节五·颁发绩效奖金	
12:10-12:20	颁发绩效奖金
12:20-12:30	总经理致辞
12:30-12:35	主持人宣布仪式结束

第七章

战略目标执行

一、战略目标及行动方案

二、分工执行 PDCA

本章导读

　　本章的战略目标执行相当于军队打仗体系，前面讲解了"最好的学习是建立情报系统"，本章则让我们的战略方向更加清晰。

　　通过战略地图（平衡计分卡），首先，确定各个负责人的山头战略目标，并且进行宣誓会。其次，依据山头战略目标梳理行动方案，再把工作分工到人。最后，通过 PDCA 进行跟进反馈，确保目标完成。

一、战略目标及行动方案

（一）战略落地步骤

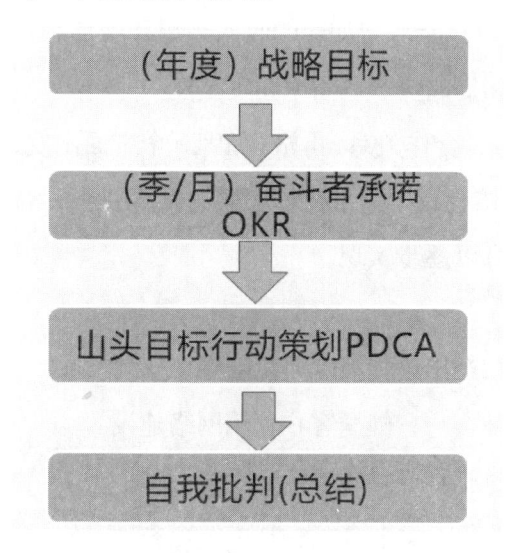

```
(年度)战略目标
    ↓
(季/月)奋斗者承诺OKR
    ↓
山头目标行动策划PDCA
    ↓
自我批判(总结)
```

战略落地就和打仗一样，先定好战略方向，然后奋斗者自发抗任务定山头，明确自己的战略目标，并且进行宣誓。接下来针对自己宣誓的山头目标拟定具体的行动方案，以确保完成目标。仗打完后，对照目标达成情况进行自我批判，自我总结，哪些完成，哪些未完成，并分析原因，总结经验，吸取教训。

（二）战略地图

学习过平衡计分卡的读者，对这个图会比较熟悉，它也叫战略地图，该图给我们清晰地指明了考核方向。

企业经营是为了满足股东和客户。为了满足客户应该如何表现？为了满足股东，财务上应该如何表现？为了满足股东和客户，内部应该如何运作？为了保证运作的正常进行，组织上应该如何保持变革和改进的能力？这体现在学习和成长上如何表现。

平衡积分卡就是从这四个维度去展开考核指标的。

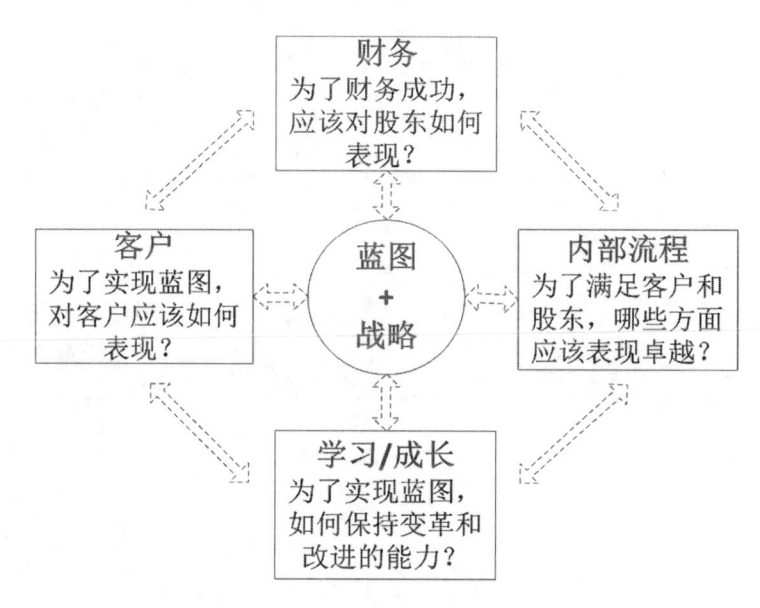

```
         财务
    为了财务成功，
    应该对股东如何
        表现？
         ↕
客户 ↔  蓝图  ↔ 内部流程
为了实现蓝图，  +   为了满足客户和
对客户应该如何  战略  股东，哪些方面
    表现？          应该表现卓越？
         ↕
      学习/成长
    为了实现蓝图，
    如何保持变革和
    改进的能力？
```

（三）会议内容

本书第一章讲了会议怎么开，如何让员工动脑，本章接着讲开会的内容，就是围绕实现战略的四个方向：财务指标、客户指标、内部流程指标、学习与成长指标。

财务指标：为了增效降本、开源节流。开源只能从增加新的收入来源和增加客户价值两个角度出发；节流可以从改善成本结构和提高资产利用率角度出发。

客户指标：为了满足客户，主要从产品、服务、合作关系、价格、品牌五个方面出发，也称差异化竞争五要素。其中产品和服务作为核心竞争力部分需要紧急实现指标；合作关系、价格和品牌作为长期可持续发展部分可以逐步实现。

内部流程指标：分为四个方面。

1. 运营管理流程：加强订单实现管理，提高投入产出比，消除质量隐患。
2. 客户管理流程：加大品牌宣传，创建高忠诚度客户，健全客户营销网络建设。
3. 创新流程：快速推出新产品、提高研发效率、丰富产品线。
4. 政策法规/社会事务：提高产品质量业绩、提高环境业绩、维护社会关系。

学习与成长指标：人力资本准备度（岗位技能）、信息系统准备度、组织资本准备度（协调一致性、领导力）。

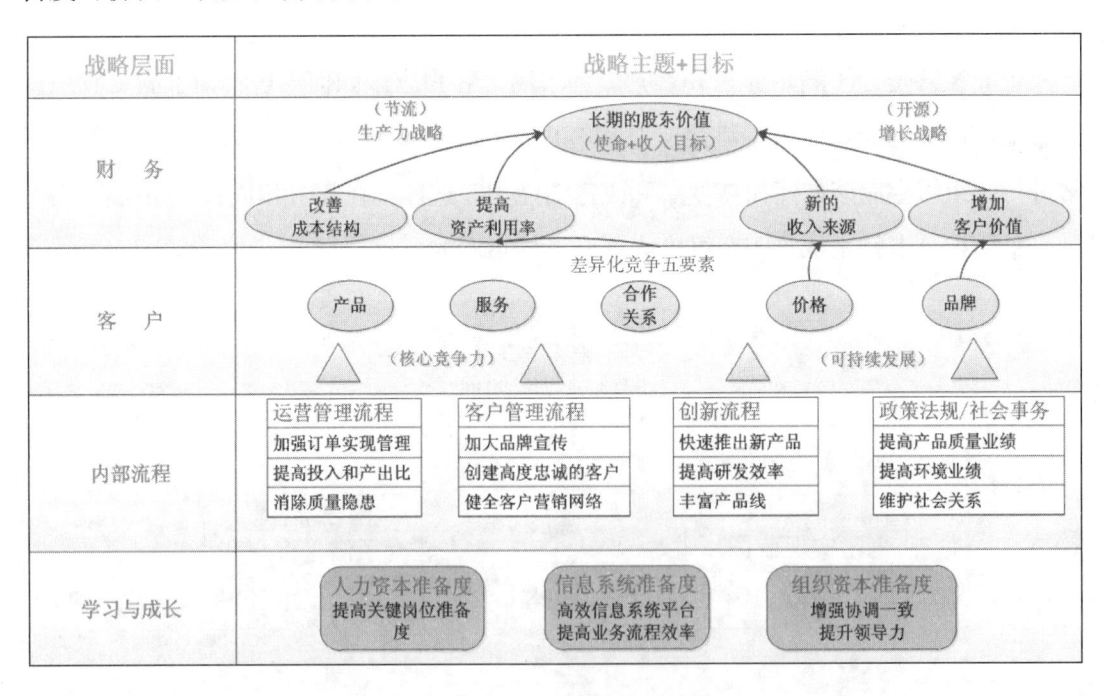

战略层面	战略主题+目标
财务	（节流）生产力战略 — 长期的股东价值（使命+收入目标） — （开源）增长战略；改善成本结构、提高资产利用率、新的收入来源、增加客户价值
客户	差异化竞争五要素：产品、服务、合作关系、价格、品牌（核心竞争力 / 可持续发展）
内部流程	运营管理流程：加强订单实现管理、提高投入和产出比、消除质量隐患；客户管理流程：加大品牌宣传、创建高度忠诚的客户、健全客户营销网络；创新流程：快速推出新产品、提高研发效率、丰富产品线；政策法规/社会事务：提高产品质量业绩、提高环境业绩、维护社会关系
学习与成长	人力资本准备度：提高关键岗位准备度；信息系统准备度：高效信息系统平台、提升业务流程效率；组织资本准备度：增强协调一致、提升领导力

（四）山头战略目标——全方位无死角

在此感谢实战派管理专家杨爱玲老师，"全方位、无死角"这句话直观形象。就以这句话做发散性思维，还有哪些薄弱环节需要去补漏的，这就是我们的山头战略目标方向。

- 营销策略
- 质量控制策略
- 人力资源策略
- 产品研发策略
- 采购优化策略
- 安全管理策略
- 成本控制策略
- 财务管理策略
- 生产管理策略
- 设备管理策略
- 能源控制策略
- 环境改善策略
- 仓储优化策略

（五）山头战略目标——奋斗者申请书

奋斗者申请书在第三章制定一套组织驱动机制里的价值评估部分有讲到。既然是山头战略需要攻打的目标，就一定要交代给奋斗者去担当，而不是劳动者。也不是交代，而是由奋斗者自告奋勇去挑大梁。奋斗者盯的是长远的目标，劳动者盯的是短期的目标，普通劳动者做的目标就叫目标计划总结。

奋斗者承诺书

山头目标	承诺人	时间
1.大力提升全员运行品质的意识	R: 王某 S: 李某	全年
2.加大管理控制及考核的力度	R: 王某 S: 李某	12月
3.目标内容3	R: 王某 S: 李某	全年
4.目标内容4	R: 王某 S: 李某	按项目计划进度
…… ……		

（六）奋斗者承诺宣誓会

山头目标对应到人后，接下来就是开战前重要的宣誓仪式。经典的华为奋斗者承诺宣誓会上不停地重复着"胜利、胜利、胜利……"

（七）行动方案策划

宣誓过的山头战略目标该如何实现？这就需要做详细具体的行动方案。如何带兵打仗？怎么分工执行？怎么配合？需要做哪些准备？可能存在哪些突发情况？有什么预案……

山头战略目标行动策划

目标	行动方案	完成时间	里程碑	承诺人	配合人	衡量指标
1. 大力提升全员运行品质的意识	1. 宣传教育	2019.1	全员宣传教育完成	行政部	各单位	宣传教育覆盖率
	2. 组织开展航班正常性献计献策的活动	2019.1				
2. 加大管理控制及考核的力度	1. 成立提升运行品质专项工作组	2019.1	工作组成立		商务委员会	按时成立
	2. 建立运行品质旬分析简报	2019.1	分析报告			按时报送
	3. 建立相关系统影响航班执行率的考核体系	2019.1	考核体系建立			航班执行率
	4. 制定航站考核办法	2019.1	考核办法颁布			按时完成

二、分工执行 PDCA

（一）PDCA 落实跟进

上面的山头战略目标和分解后的行动策划方案可以叫 OKR——目标和关键结果。如何保证 OKR 的实现，需要过程管理，就是大家熟悉的 PDCA。

PDCA实现OKR

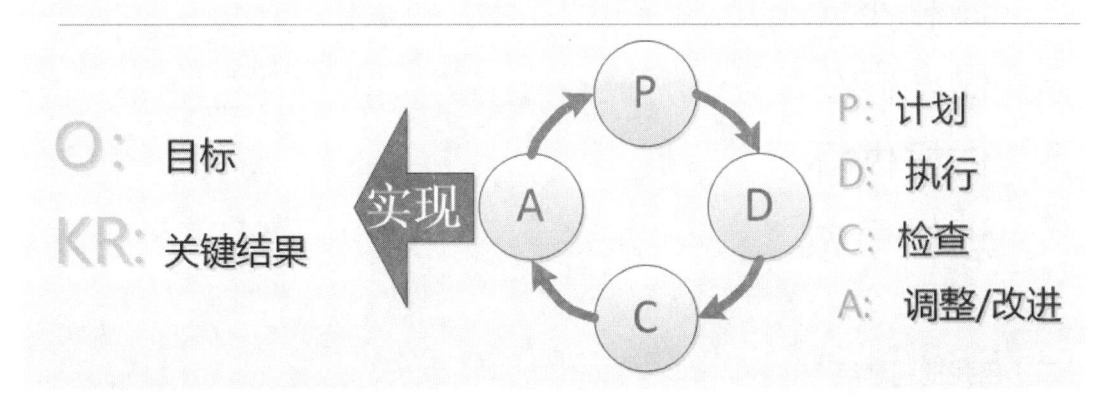

O：目标
KR：关键结果

实现 ← P（计划）→ D（执行）→ C（检查）→ A（调整/改进）

P：计划
D：执行
C：检查
A：调整/改进

PDCA 过于理论化、完美化，现实中也不太可能每个事项都按照 PDCA 去执行。简单点就是一件事，谁负责、谁交办、谁检查、谁参与。计划什么时候结束，事务完成了做关闭结束。现在这样的信息系统也比较多，就是工作管理。注意：并不是所有的工作都要这么教条地去执行，一般只把扯皮和拖拉的事务这样管理，其他的用日报和周报解决。

执行PDCA

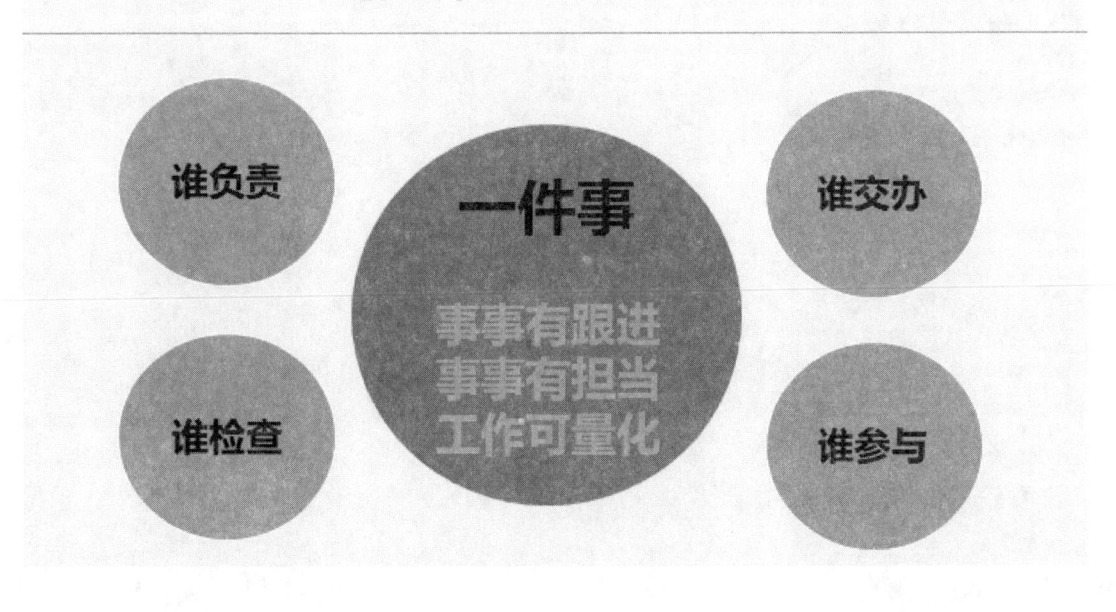

谁负责　谁交办
谁检查　谁参与

一件事
事事有跟进
事事有担当
工作可量化

这块用信息系统管理，会极大提高管理效率，见效也是很快的。因为现在都是移动无纸化办公，用碎片化时间作业，可以随时随地拿出手机快速汇报结果。工作过程大家一起共享，最关键的是系统可以随时统计各自的工作量化成果。谁做事总是拖拉、谁做事总是积极，谁工作最多，谁工作最少，谁工作质量最高……一目了然。

工作量化

做和不做
做多做少　　→　　不一样
做好做坏
迟做早做

（二）自我批判总结

阶段性工作结束后，要做自我批判总结，哪些已经完成，哪些没有完成，没完成的原因是什么，下一步如何补漏。主管之间通过运委会相互批判，主管和下属之间每个月面对面做沟通总结。

第八章

企业管理整体框架和落地步骤

一、企业管理体系框架

二、绩效激励体系框架

三、绩效激励难落地原因

四、管理体系落地步骤

五、营销中心薪酬绩效激励方案

本章导读

前面章节讲解了各个管理体系的原理方法，本章做一个总结。首先了解企业管理的整体框架，从全面整体角度再重新梳理各个体系的功能和所适合的应用场景。分析总结很多企业学习了大量管理体系却难落地的原因。

其次再举一些企业的管理落地案例来让大家知道各个体系的落地顺序，明白各个体系之间是需要铺垫基础的。

最后分享某个企业营销部门薪酬绩效体系制定的案例。

一、企业管理体系框架

（一）企业管理框架

企业管理范畴太多、太广，很多人学习起来就像置身于大海，茫然不知所措。其实只要依据管理框架一点一点捋清楚，一切就有章可循。我们首先要理清企业管理的五大方向，如图中的"大"字模型，包括五大方向：战略定位、全网营销、产品研发、标准化管理、驱动激励机制。

企业管理：团队+5大方向

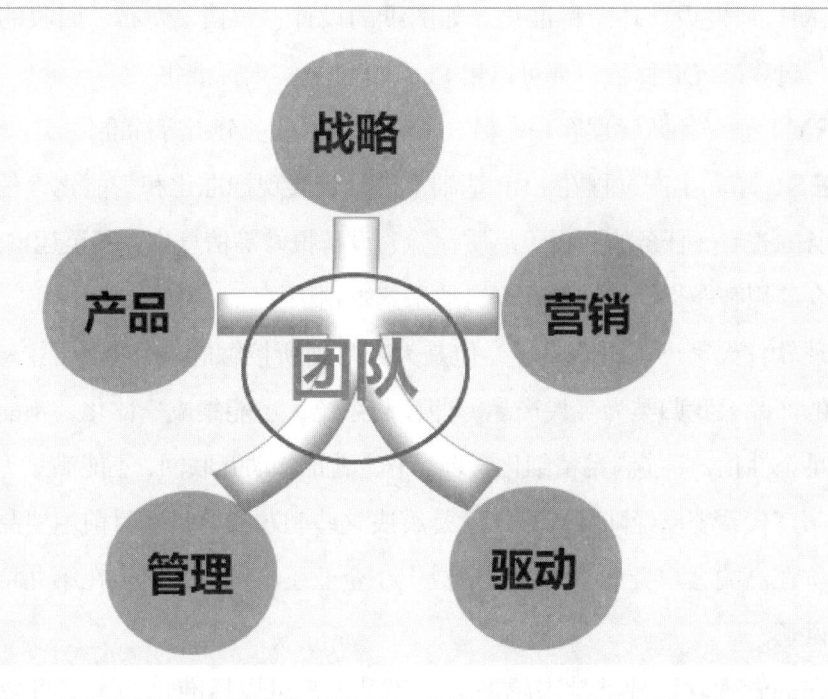

（图：战略、营销、驱动、管理、产品五个圆圈围绕中心"团队"，呈"大"字形排列）

战略定位： 现在也陆续注重品类定位了，意识到大而全的薄弱、小而精的强大了。

全网营销： 正是因为有了营销，战略定位才需要小而精。因为它好宣传，把有限的资金和精力放在一个重点上宣传，也方便让有限精力的人用有限的时间和精力去记住你有限的产品定位。

产品研发： 保持产品的竞争力，技术不说创新，至少也不能掉队。

管理和驱动： 管理和驱动需要分开讲，我们把标准化的一类叫作管理，把研究人性、激发人性动力的一类叫驱动。为何分开讲，以前都是注重管理，现在驱动太重要了。我们一起梳理一下，公司推行过的各种管理方法中，哪些属于标准化管理，哪些属于驱动激励。

（二）各种标准化管理软件

ERP： 解决公司主营业务流程类标准化管理的软件。不同行业业务流程不同。生产型企业主要是从业务接单、计划排产、材料采购、仓库进出、生产过程、品质检验、销售发货、成本核算、财务报表等。把这样的一系列业务流程用软件固化下来，解决的是业务流程标准化，管账、管物。

OA： 除了 ERP 主营业务流程外，行政后勤办公类的管理。用一句话概括，就是用了 ERP 之后，管理高层要求还保留纸张签字的单据都需要用 OA 实现无纸化。这些现在都被企业微信、钉钉取代了。

HR： 把人事、薪资、考勤、排班、培训、招聘这些模块用软件实现标准化管理。

PLM： 研发设计环节标准化。如图纸的设计、归档、发布、回收的每个环节，研发项目过程 APQP 体系，都可以用 PLM 软件去实现标准化。

CRM： 业务团队管理客户资料、活动记录、业务分析等标准化。

MES： 车间生产过程在 ERP 基础上进一步实现标准化和智能化，任务的下发、车间任务的查看、任务的回报、品质检验、设备报修等信息化，甚至运输过程用 AGV 小车、仓储用智能货架、设备联网自动采集数据……

管理软件大家已不再陌生了，但是大家目前所接触的软件基本还停留在 20 多年前设计的产品，我归类为二代产品，即套装系统，不能集成一体化，不能满足未来，不能满足个性化，不能满足精细化管理，不能满足移动互联网，不能满足无限拓展……近几年第三代系统已经陆续出来，就是解决这些问题的。只是目前主要品牌产品把新产品定位在高端客户身上，所以大多数中小企业还不了解，这点在第九章信息化部分会重点讲解。

现在的管理软件种类越来越多，趋势是凡是可以标准化的，都将会被信息化所取代。

（三）各种标准化管理体系类

质量体系、5S、EHS、SOP 等，只要属于 SOP 类作业操作标准的，都属于标准化管理范畴。现在环境安全产线的巡检也信息化了，设计好巡检表单模板，每个模板有很多巡检项，结果一般分为是/否、优/良/中/差两种类型，点检完后自动汇总出巡检人员的绩效。SOP 类也被软件标准化了，可以把 SOP 嵌入 ERP，也可以把装配作业指导书，或者检验作业指导书 ESOP 放到系统里，产线配上大屏幕，直观动态翻页显示。

  国内大多数中小民企近二十年主要还是处于完善标准化管理范畴。虽然 ERP 大多数已经普及，但是 ERP 导入的质量还比较低，极少部分企业实现了智能制造导入了基础的 MES，少部分实现了把 ERP 前端业务流程和成本财务一体化规范管理，大多数企业的信息化还是比较零散状态，只用了部分。2020 年受疫情影响，无纸化移动办公突然普及开了，随着钉钉和企业微信的广泛应用，这些平台上的一些第三方应用被带动起来，如 CRM、项目工作管理……

二、绩效激励体系框架

随着工作节奏越来越快,竞争越来越激烈,仅仅靠标准化管理已然落后。标准化管理只能解决标准化、质量、效率、成本控制问题,只能把团队的整体战斗力保持在及格线,现在强调的是灵活多变、快速反应、高效率、全员经营、全员营销、全面质量、全员增效降本……实际上这些概念也都不是新词,只是中小企业老板已经感到很大压力,这几年不得不考虑如何激发员工的主动性,到处学习管理方法。首先想到的就是股权,其次就是市场上比较热的阿米巴、积分制、学习华为……管理培训公司,抓住中小企业老板的心态,大搞各种培训班,市场也鱼龙混杂。尤其因为疫情不能聚集开班,大量咨询老师火速转到线上举办公益培训,一时间到处都是知识的海洋。很多企业老板参加了一些培训课后,慢慢觉察上培训班也没能找到解决方法,也发现一些培训机构的套路。

(一)激励驱动类

通过前面章节的分享,我们知道了团队结构设计驱动、华为的驱动激励机制、股权激励、阿米巴、行为积分,本章在此再次汇总梳理下它们的组合关系,并且从多个角度去认识它们的组合关系,便于加深理解。

员工关注物质和精神两个方面,物质层面包括工资、年终奖、分红;精神层面包括晋升、荣誉、奖励。

(二)物质层面

工资取决于任职资格评估,在价值阶梯上处于哪个级别,这个价值阶梯要定好,能够让所有人都认可。工资的晋升、年终奖、分红这三个都取决于员工给公司带来的贡献,即 KPI。KPI 包括常规 KPI 和价值观考评两个方面。首先看价值观是否和公司价值观文化一致,如果不一致 KPI 就不用看了。价值观一致,再结合 KPI 权重得出这个人的综合考评。综合考评结果划分为 ABCD 几个区间,不同的区间分别影响晋升、年终奖和分红。

KPI 包括利润结果、关键指标结果、过程达成、个人能力成长和团队成长。利润结果根据阿米巴体系做独立核算;关键指标结果看 OKR 达成;过程达成看 PDCA 统计。

价值观评估从多个方面考评,考核项可以根据公司发展进行调整。

股权现在主要是用动态虚拟股，注册股只针对初期的创始元老。动态股权分数据从哪里来？标准规范的做法是来自综合KPI，简单点的话可以用行为积分。

全面绩效激励体系框架

顶层设计：使命、愿景、价值观

运委会自运营结构　　互补结构　　PK裂变结构

角色认知　团队协作

经营哲学、价值观　思想教育、考评

股权　高中层

③跟着干　②帮着干

OKR-PDCA　团队协同

阿米巴　中层独立核算

①领着干

④对着干

组织驱动机制　价值阶梯、机会牵引

行为积分　基层激励

管理标准化
体系制度：ISO SOP 5S 制度　　信息化：ERP OA CRM MES HR

（三）精神满足层面

企业文化：使命、愿景、价值观，活着有意义、有方向，让员工有价值。

战略方向和行动路线：让全体成员了解公司的战略目标和行动路线，即愿景的量化和实现的商业模式。让全体成员目标、方向、行动方案统一。

行为积分：针对基层员工，树立标杆、树立雷锋，营造积极向上的正能量经营环境。

（四）精神驱动层面

价值阶梯：让员工看到职业生涯的整体规划和方向，不同阶梯对应不同薪酬，薪酬取决于自己的努力，而不是老板给多少。

机会牵引：针对高、中、低层分别用不同的方法鞭策员工向上爬，消除人的惰性本能。

角色认知：换位思考游戏，加深相互理解，只有团队配合了才能让成功更容易。

运委会机制：让员工自运营，体验一把企业老板的不容易，体验自己做轮值总经理的荣誉感，通过轮值拔苗助长，提升员工能力。

互补结构：人都有私心，直接从结构上消除单飞的可能，只有团队配合。

PK裂变结构：把团队分为3、6、9模式，形成竞争。

（五）员工行为银行

员工行为银行，顾名思义，把员工日常的各种行为表现存在银行里，有多少投入就有多少回报。从员工行为银行这个漫画结构看，地基（内在驱动力）是信息系统和长期标准化建设、团队建设。长期标准化和团队建设这个就是结构层面的设计，结构决定趋势，趋势决定现象。所以刚开始的底层结构约束了组织未来的发展速度、规模以及稳定性。

员工行为银行的屋顶部分是云彩，即企业文化，引领着全体员工的方向。

把阿米巴经营比作太阳（外在驱动力），是组织运营的重要能量动力来源，强调全员经营、共同奋斗、共享目标、集全体成员智慧。

把经营哲学比作月亮，和太阳阴阳调和，在强调物质层面分享的同时，也要注重思想教育的把持。

接下来就是组织的日常运营，即房顶部分的目标、执行、激励。先定目标、分解到人、过程跟进，结束后做总结奖惩，对标杆雷锋行为给予激励表彰。

行为银行主营业务是内部交易、KPI统计、工作量化统计、奖惩记录、能力评估。行为银行的业务规则是内部定价、通用制度、专项制度。行为银行最后呈现的报表是独立核算的经营结算表和行为银行的综合得分汇总表。

三、绩效激励难落地原因

（一）阿米巴国情差异分析

日本是"耻感"文化，以占别人便宜为耻，而国内职场环境是以占"便宜"作为能力强而炫耀的资本。这对"内部定价"有影响，不能指望让员工自行协商，否则肯定老实人吃亏。这种情况可以通过上级干预、价值观和行为积分考评等多种方式来解决。但是也要看到它的优点，爱占便宜说明更逐利，跟个人利益挂钩后更容易激发狼性、贪性，整个团队会更有血性，才更具竞争力，即用逐利的本性驱动进步。

日本接近终身雇佣制，员工归属感强，也就更容易团结，这样的环境是阿米巴实现全员经营所需的土壤。让我们回顾下共产党领导工农群众推翻三座大山、抗日、抗美的历史。如果把军队看作是企业，请问还有哪家企业的员工受教育程度比当时的工农群众低？跟着军队学学团队用人方面的结构机制、激励体系、利益分配方案、培训教导过程，这也是本书要讲的重点内容。

国内企业在财务账务上存在一些灰色区域，或者因为商业机密不方便完全透明。这也没有太大影响，结算表可以抓大放小，主要方面对全体成员公开即可。在国情社会，我的观点还恰恰偏向虚实结合，不能完全实，要带点虚，老板就是老板，员工就是员工，不能本末倒置，否则遇到较真的员工会起到负面影响。

（二）管理培训行业宣传上偏浮夸

现在市面上的管理培训课已经泛滥，尤其是一些封闭式的三天培训，现场烘托的氛围，让很多企业老板听着激动，仔细想想很有道理，但是回去后还是难以拟出落地方法。因为现场主要是讲了一些话引起老板痛苦心灵上的共振，说到了老板心坎里，让老板感觉有道理、老师讲的太对了。现场或许也讲了落地的方法，但是忽略了落地所需要具备的前提条件，而这些条件是中小民企还不具备的。

企业老板偏业务出身的多些，有些技术出身的爱学习，即使有耐心把不同老师讲的理论（阿米巴、积分制、OKR、执行力、股权激励、华为组织驱动机制等）都听完了，自己也就晕了。因为讲的都有道理，到底该听谁的，执行哪套体系？原因是培训过程不够系统、知识点分散，就像盲人摸象，整个大象有人只培训耳朵，有人只培训腿……

（三）管理落地需要信息系统支撑

管理落地需要管理软件去支撑。纵观管理软件近几十年发展，ERP、OA、CRM、

HR、MES、PLM 等主要是解决业务流程标准化，解决管账、管物难题，用信息系统快速提高统计效率和流程管控，这些逻辑关系容易梳理清楚，只需要经验的积累并不断完善即可打磨出产品。但是如何激发员工思想和行为，这是人性和人心的层面，程序员、理工男在这块儿偏弱，所以只能看到理性的 KPI 软件，看不到感性的激励类软件，即如何把员工思想行为激励数字化。说到这里绝大多数人第一反应是不可能，思想怎么数字化？网上有句流行语"贫穷限制了想象"，站在管理学目标落地角度，正确的思维应该是"想象限制了贫穷"，首先应该是敢想，然后才能有方向和目标，再去执着地找到落地方法。

（四）咨询老师对管理软件的敏感度偏低

管理咨询老师擅长人性管理，研究的就是人力资源和人性，但是他们多数不擅长软件。因为管理咨询师基本上源自企业高层，作为高层主要负责战略层面和管理框架、制度、机制层面，具体操作执行、逻辑层面都交给执行层的人员去做了。你们自己就是企业的老板、高层，请问你们公司在推行 ERP 的时候有亲自参与推行吗？是有少数人参与了，但有参与到软件操作培训层面讨论吗？熟悉数据层面的逻辑吗？是不是仅仅只是知道个宏观业务流程。

（五）管理软件圈子对人性管理敏感度偏低

有中国人问稻盛和夫："您是管理大师，阿米巴管理思想太妙了，您是怎么创新出来的？"稻盛和夫低调地说："我哪是什么管理大师啊，其实我就是学习了你们中国的孔孟之道、阳明心学啊，把心学经营应用在企业经营上而已啊！"中国传统哲学似乎难以被现代的理性逻辑思维重视，就像道医（中医）在西医眼里一直就是个玄学。

这和人的性格或许有关系，即使在 ERP 软件圈子里也有奇怪的现象。财务出身的顾问对车间管理不够敏感，生产管理出身的顾问对财务缺乏敏感度。ERP 顾问本身也是个非常辛苦的工作，不断学习占用了大量时间，需要学习企业各个部门的知识，还要学习计算机方面的基础应用，还要跟上时代的变化。ERP 公司好不容易开发出系统，就面临第二代（标准化、模块化）产品的研发，目前市面上流行了近 30 年的 ERP 主要是二代系统。现在移动互联网时代又面临第三代（满足集成一体化、个性化、精细化、无限拓展、移动互联网特点）系统的竞争追逐。不要说 ERP 开发蛮累了，就拿应用层面的 ERP 辅导顾问来说，深深感到脑袋不够用了。以前只要对付 ERP，后来又对付 OA、HR、商城对接、研发 PLM 对接一体化，然后要对付 App，后来 OA 又被微信和钉钉取代，又出来小程序，MES又在往设备互联方向发展，和ERP对接方式也在变化，第三代ERP更复杂、更庞大了。信息技术更新太快了，ERP顾问学得都喘不过气来。更何况研究如何把ERP推行落地又是一门艺术，ERP顾问很难有精力再去研究人性绩效激励体系了。在他们的思维里，更多浮现的是如何用信息系统把管理标准固化，避免让人犯错，或者用机器取代设备，去管制人，而不是去研究人的本性如何面对人性。

（六）管理咨询派和管理软件派的结合

有人说咨询师和ERP顾问结合不就行了嘛。这句话就像提倡中西医结合，中医研究的是宏观哲学层面，西医研究的是微观科学层面，不是一个逻辑思路，彼此还看不上。管理咨询和管理软件也有点儿类似，上面分析了管理咨询老师研究的是人性方面，ERP是业务流程标准化方面，前者属于驱动机制（偏高端指挥），后者属于标准化管理（偏简单执行），两个根本就不是一个层面的东西，怎么融合？彼此很难对话到一起，咨询师讲的东西ERP顾问听不懂或者本身就抵触，ERP顾问讲的东西咨询师又沉不下心去学习。当然也有融合的范畴，如营销咨询老师和营销类的软件（商城、CRM、分销）、管理标准化类的咨询师和标准化类的管理软件（ERP、MES）。

（七）阿米巴软件设计需要综合知识经验积累

激励理论也比较多，阿米巴、组织驱动机制、OKR、目标管控、执行力、积分制、价值观、股权、KPI等，实际上这些理论体系是需要融会贯通的。华为、阿里也都是多种体系方法的融合，光一套体系不健全，达不到效果。但是融合不能生搬硬套，要去粗取精，针对不同层级、不同学历的人用不同的组合。也要辨伪一些理论如360度考核。还要记住老祖宗的话，虚实结合，要保留一些虚，不能完全实。你能把阿米巴独立核算清清楚楚、实实在在地摆在员工面前吗？请客、送礼的账是难以公开的。另外为了做内部定价，你能把工艺工时算得清清楚楚明明白白吗？如果遇到很懂工艺的人跟你较真，你还能管得了他吗？

阿米巴核算和ERP财务核算是两套不同的规则体系：ERP是为了满足税务、债权人、股东的财务体系，至少要符合税务规则。阿米巴是虚拟的小公司独立核算，还带点虚，是针对全体成员的，自己想怎么玩就怎么玩。如果在ERP中做阿米巴，相当于把每个阿米巴独立核算单元都做成一个子公司，整个ERP就会复杂化。除非单元设定得很粗，但粗了就不叫阿米巴了，而仅仅是子公司层面的独立核算了。咨询老师因为不懂ERP，所以一直指望在ERP中实现阿米巴核算，方向已经不对了。阿米巴核算只能从 ERP 中抓数据，然后按照阿米巴的逻辑重新核算。但是不同企业 ERP 规划方案也不同，阿米巴软件也难以做成标准系统直接对接 ERP，并从 ERP 中抓数据，这就是阿米巴软件难开发的原因。准确地说，为某个企业定制开发简单，但是想抓住规律开发一个满足多数企业的产品，这就需要有综合知识积累以及深厚的 ERP 功底积累。

四、管理体系落地步骤

前面讲解了整个管理体系框架，认识到管理是一个有机整体，就像盖一栋大楼，总要先设计好，然后打好地基，再搭建毛坯房，最后装修。在我之前出版的一本书《图解ERP——轻松跟我学企业管控2》里，我用盖房子的图片来比喻企业管理完善的过程，6年前我还没有把驱动激励机制纳入进来。

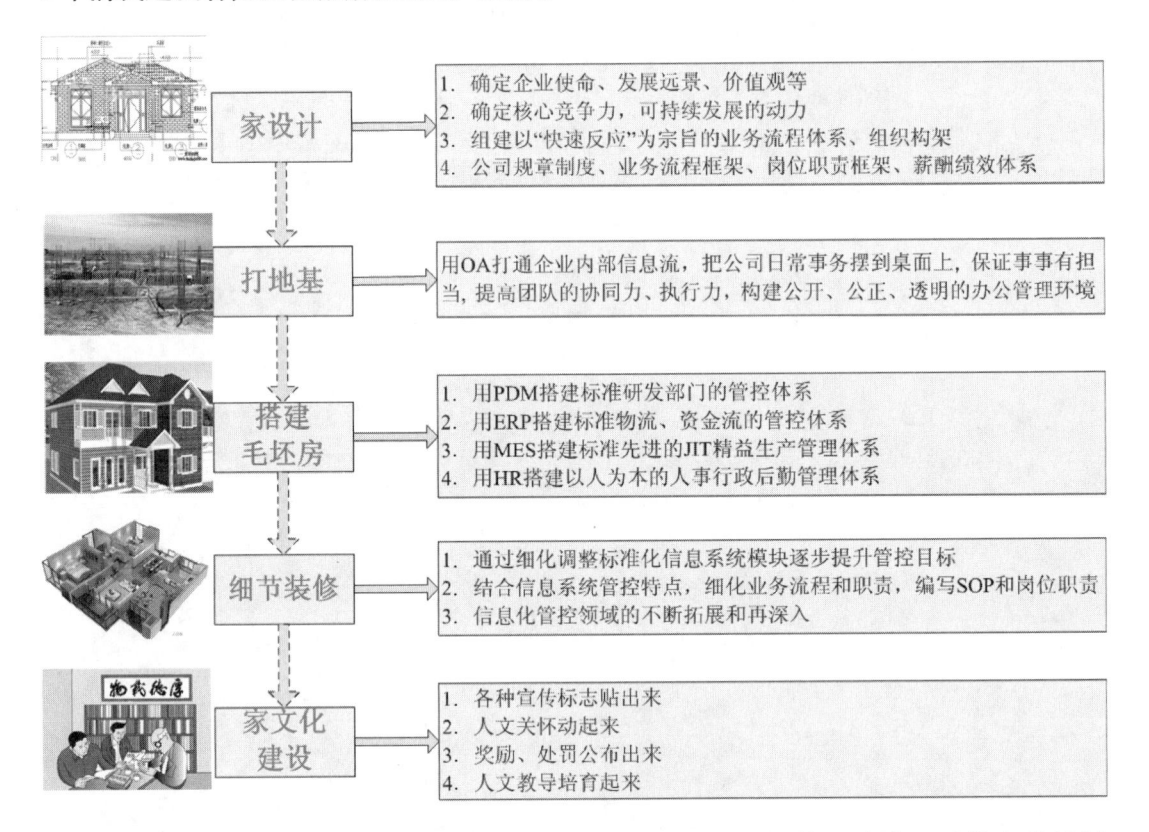

家设计
1. 确定企业使命、发展远景、价值观等
2. 确定核心竞争力，可持续发展的动力
3. 组建以"快速反应"为宗旨的业务流程体系、组织构架
4. 公司规章制度、业务流程框架、岗位职责框架、薪酬绩效体系

打地基
用OA打通企业内部信息流，把公司日常事务摆到桌面上，保证事事有担当，提高团队的协同力、执行力，构建公开、公正、透明的办公管理环境

搭建毛坯房
1. 用PDM搭建标准研发部门的管控体系
2. 用ERP搭建标准物流、资金流的管控体系
3. 用MES搭建标准先进的JIT精益生产管理体系
4. 用HR搭建以人为本的人事行政后勤管理体系

细节装修
1. 通过细化调整标准化信息系统模块逐步提升管控目标
2. 结合信息系统管控特点，细化业务流程和职责，编写SOP和岗位职责
3. 信息化管控领域的不断拓展和再深入

家文化建设
1. 各种宣传标志贴出来
2. 人文关怀动起来
3. 奖励、处罚公布出来
4. 人文教导培育起来

现在把完整的驱动激励机制引入进来，整体落地步骤还是一致的，只是有些关键环节需要注意下，一些理论体系需要一些基础铺垫。

（一）阿米巴

阿米巴独立核算需要有ERP数据支撑。如果ERP执行还没有顺利起来，阿米巴只能停留在学习、梳理思路阶段。即使要做也可以，会造成阿米巴软件录入工作量增加，毕竟业务端的数据本应该在ERP中执行。为了强制得到阿米巴独立核算数据，单独去做一份业务交易单据，会造成重复劳动，或者效率低下。

（二）ERP 执行

有不少企业在 ERP 推行中发现很困难，和预想的不一样。本以为只要培训下、前期辛苦点补数据就可以了，最后发现执行过程中遇到各种阻碍。主要体现在各个部门的配合上，每个人都有理由，都不想增加工作量，都会因为某个环节没有及时处理而等待。或者说正常运行后，过一两年，因为人员变动或者责任心不足，数据出现混乱。这从根本上讲就是缺乏执行力，需要先构建执行力、目标管控体系，解决扯皮拖拉问题，确保目标落地。

（三）执行力目标管控

执行力（目标管控）解决扯皮、拖拉。一件事谁交办、谁负责、谁跟进、谁参与，用微信小程序快速高效记录下来，工作结束就在系统中用碎片化时间汇报。这是属于 PDCA 理论过程跟进部分，还包括战略目标分解部分，即前面战略目标落地章节讲的内容，但是即使做执行力也有问题。我遇到过一个企业，请了名家过来做执行力，解决了扯皮和拖拉问题，但是每个人做事都畏首畏尾，怕出错担责。这样很影响效率，推行一个简单的 CRM 都要开多次会议。在竞争激烈的年代，企业应更注重效率、速度，老板都是急性子，员工都是慢性子，这样的团队是有问题的。需要营造积极向上的环境氛围，需要建立内部 PK 竞争环境，需要让大家有危机感。这就是团队结构、组织驱动机制、行为积分部分。

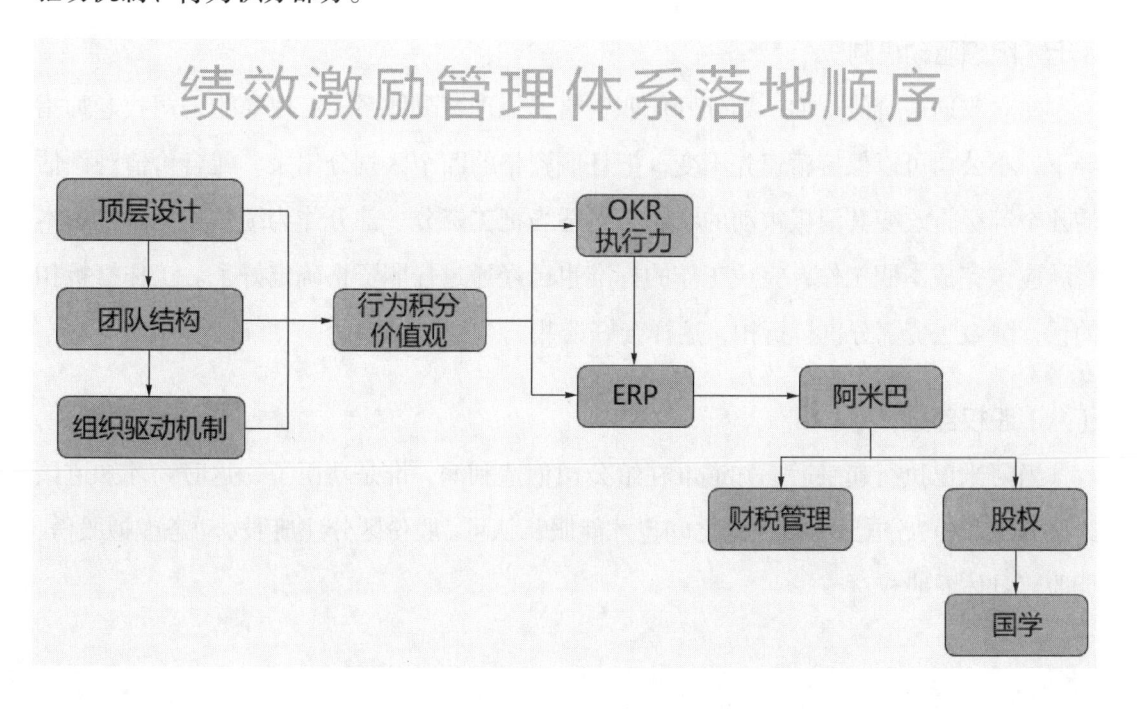

绩效激励管理体系落地顺序

顶层设计 → 团队结构 → 组织驱动机制 → 行为积分价值观 → OKR 执行力 → ERP → 阿米巴 → 财税管理 → 股权 → 国学

（四）行为积分/价值观

行为积分和价值观部分，目的是为了营造积极向上的环境氛围，树立标杆榜样，学习雷锋，让"雷锋"为公司说话。通过行为积分结合表彰会，通过精神、物质双重层面，对优秀员工给予认可嘉奖，培养员工好行为、好习惯、正能量。

行为积分的统计工作偏零碎些，适合基层员工和劳力付出的服务行业，针对高学历的团队可以结合价值观评估执行，这两个执行起来都比较快，见效也快。

（五）运委会

组建运委会，目的是组建自运营团队，把老板解脱出来，让老板专注宏观层面的战略和营销。让各部门负责人知道自己不是为老板工作，也不是为公司工作，而是为了运委会这个团队工作，通过角色认知游戏，让他们更加地紧密配合。让每个部门轮值总经理岗位，满足其荣誉感，快速提升其能力，这个部分比较紧急，也比较容易协调实现。

（六）PK团队结构

这个也可以快速实现，也比较好实现，业务部即使三个人也可以分为三个组。如果是一两个人的，可以再增加人，设定绩效工资和试用期，成了有贡献，不成损失也不大。但是一两个人没有PK劲，也难以成功。

（七）组织驱动机制

建立双通道价值阶梯，划分好任职资格，梳理薪酬体系。有规模的公司找老师指导下，小公司可以保持薪资先不变，把任职资格的四个区划分出来，配合价值观评估的几个等级，改变其消极被动的状态。再适当把工资分一部分作为绩效工资，工资本身就应该完成本职工作，完成工作的标准也已经通过任职资格确定好了。工作打折扣的话，绩效工资部分也打折扣，这样会好谈些。

（八）股权部分

当阿米巴执行起来后，知道谁在给公司创造利润，谁是功臣了，这时候才知道该给谁分配股份，分配多少，大家之间也才能服从认可。股份区分注册股、动态虚拟股份、期股，具体看股权章节。

（九）国学教育

有了执行力、有了 ERP 业务流程标准化、有了清晰的独立核算，这时候配合做国学教育才有效果，可以和行为积分一起搞。如果没有前面的基础管理体系支撑，只做国学教育，员工是不可能理解老板的一片苦心的，反而会责怪老板有钱没地方花了，不如直接给员工发钱更能激发他们积极性。

（十）企业文化

员工有积极性后，通过行为积分和国学的正能量教育，培养员工好行为、好习惯、正能量，让大家用匠心精神做产品做服务，把这些用匠心精神做产品做服务的过程记录下来，汇聚成一则则故事，把故事在内部分享，这就形成了企业文化。企业文化绝对不是贴标语、喊口号。把一系列管理体系逐步补漏完善的过程就是企业文化搭建的过程。

企业文化如何内部分享，就是计划性的教育培训，和每个月的表彰会。小企业如果做不到计划性的培训，可以选择阶段性的表彰会。

（十一）品牌塑造

有了企业文化，把员工用匠心精神做产品做服务的过程记录成一则则故事，这个故事自然而然就会得到团体的拥护，团体也会自然地捍卫来之不易的团队文化。只要借助传媒，把这样真实的故事讲出去就行。

品牌由质量决定，质量是靠一线员工去执行的，所以一线员工的积极性才是管理成果的最终体现。现在移动互联网时代，营销就是如何"讲好一个故事"。前面的管理体系就是为了讲好一个故事而做基础性的工作补漏。

五、营销中心薪酬绩效激励方案

（一）基本结构

营销人员工资性综合收入＝基本工资＋销售额提成＋部门奖＋所属团队总提成

其中：

1. 基本工资＝固定工资＋绩效工资，绩效工资重点考核工作行为，与市场基础管理工作挂钩；

2. 销售额提成，以当月完成营销回款为准；

3. 部门奖，区域营销经理享受部门业绩提成奖励；

4. 所属团队总提成，营销总监享受所属团队所有营销人员的业绩总提成奖励。

（二）营销各岗位层级设定

营销人员设定层级为三级，分别为：

1. 总监级（高级营销总监、营销总监、代营销总监）

2. 经理级（高级营销经理、营销经理、代营销经理）

3. 主管级（高级营销主管、营销主管、实习营销主管）

其中高级营销主管与代营销经理同级，代营销经理为晋升过渡岗位，无管理权限，高级营销经理与代总监类同；同一个团队中营销经理与高级营销经理、高级营销总监与营销总监不能同时存在。

（三）营销各岗位工资及提成标准

按三级九岗，上下级收入关系及明细见表1：

表1　三级九岗工资及提成标准

单位：元（人民币）

岗位	固定工资	绩效工资	个人提成	部门提成奖	所属团队总提成	总收入测算
高级营销总监	5400	3600	3%	—	0.2%	万
营销总监	4500	3000	3%	—	0.2%	万
代营销总监	3600	2400	3%	—	—	万
高级营销经理	3600	2400	3%	—	—	万
营销经理	3000	2000	3%	—	—	万

续表

岗位	固定工资	绩效工资	个人提成	部门提成奖	所属团队总提成	总收入测算
代营销经理	2400	1600	2.8%	0.2%（给所属团队经理）	—	万
高级营销主管	2400	1600	2.8%	0.2%（给所属团队经理）	—	万
营销主管	2100	1400	2.3%	0.7%（给所属团队经理）	—	万
实习营销主管	1800	1200	1.8%	1.2%（给所属团队经理）	—	万

（四）考核周期

月度、季度、年度。

（五）绩效工资计算

1. 绩效工资与市场各项基础管理工作挂钩，包括当月客户拜访目标完成情况、客户开发完成情况、工作日志提报情况，包括但不限于公司管理制度、会议决议及领导工作安排执行情况等。

2. 各绩效指标合计标准分数100分。应发绩效工资=标准绩效工资×（考核得分/100分）。

3. 本项考核得分低于70分（不含）的，应发绩效工资为0。

考核细则如下表2：

表2 绩效考核细则

	绩效指标	目标	考核标准	备注
1	陌生客户拜访（25分）	主管级当月平均每日拜访不低于三个；经理级平均每日不低于二个；总监级平均每日不低于一个	按实际拜访比例得分，即考核得分=（当月实际拜访新客户数/当月应拜访新客户数）×25分	
2	客户回访（15分）	每周老客户（已成交）回访不低于二个，已备案客户回访不低于二个	（当月实际回访老客户数/当月应回访老客户数）×15分（初期由市场部根据实际情况考核）	主管级本项指标考核意向客户跟踪回访

续表

	绩效指标	目标	考核标准	备注
3	销售目标完成率（30分）	按年度销售目标分解执行	考核得分＝实际完成销售额/当月目标销售额 或 （意向客户/2）×30分（新入职前两个月） 或 签单客户数×30分（新入职第三个月）	新入职人员前两个月考核意向客户2个，第三个月签约客户1个，第四个月起按本标准执行；有同行业经验者第二个月开始按本标准考核
4	工作日志（20分）	每日提报	于当日24点前发送至市场部，特殊情况下不迟于次日24点前补报。出现漏报、虚报、未按要求填写的，首次扣2分，第二次扣4分，以后每出现1次，按此标准翻倍扣分累加，扣完为止	注：工作日志中包含公司所需要的各种行业信息，如竞品数据及动向等
5	公司管理制度（10分）	遵守公司各项管理制度	凡公司相关管理制度、会议决定、领导工作安排、月度市场分析报告等，执行不到位的，视情况进行考核，2分起扣	

（六）提成计算

1.营销总监提成计算：

（1）营销总监实际提成包括两部分，即个人业绩提成、所属团队总提成。

（2）营销总监的所属团队总提成是指其管辖的整个团队或区域业绩的提成，也就是说总监拿所辖所有营销人员销售额提成的0.2%。

2.营销经理提成计算：

（1）营销经理实际提成包括两部分，即个人业绩提成、部门人员业绩提成。

（2）营销经理拿部门提成奖，目的是鼓励营销经理帮助下属营销人员获取订单。当下属业务人员获取订单时，营销经理可获得相应的利益分成，且营销人员的层次越低，营销经理所花心血越多，所获得提成就越多。因此，部门经理拿实习营销主管销售额提成的1.2%，营销主管销售额的0.7%，高级营销主管及代营销经理销售额提成的0.2%。

3. 营销主管提成计算：

只有个人业绩提成，按表格对应设定标准执行。

4. 公司设定标准价格区间：

客户签约价格低于公司定价区间的，提成标准相应降低；客户签约价格高于公司定价区间的，超额利润公司与个人按1:1分成（详见公司价格表）。团队成员分成比例按表1同比例执行。

5. 月度考核，年度拉通考核：

月度销售额目标低于目标50%（不含），取消当月提成。年度任务完成80%（含）以上的，给予补发取消月份的月度提成。

（七）超额提成标准

年度销售任务实际完成超出年度销售目标的，公司对超出部分提高提成发放标准，具体如表3：

表3 超额提成标准

序号	超出比例（X）	超出部分提成比例
1	100%<X≤120%	提成标准×1.5
2	120%<X≤150%	提成标准×2
3	X>150%	提成标准×1.8

（八）销售冠军奖励

为充分调动销售积极性，强调业绩导向，以销售业绩和能力拉升收入水平，创造更大的业绩，特设立销售冠军奖。具体如下：

季度销售冠军奖。每季度从营销人员中评选出一名季度销售冠军，给予5000元奖励（销售冠军必须完成季度销售任务，随当季最后一个月工资一起发放）。

年度销售冠军奖。每年从营销人员中评选出一名年销售冠军，给予20000元奖励（销售冠军必须超额完成年度销售任务，年底发放）。

年度销售区域奖。每年度从全国各销售区域中评选出销售冠军，给予区域团队6000~15000元奖励（必须超额完成年度销售任务，此金额由区域销售负责人分配）。

（九）考核结果与职务调整

1. 销售人员的综合绩效考核成绩，作为晋升与降级的重要依据。

2. 连续6个月基本考核平均高于90分（含），且达成销售目标的，级别上调一级。

3. 实习销售主管级别连续3个月基本考核平均高于90分（含），直接转为销售主管级别。

4. 月度基本绩效考核成绩低于60分，且之前（含当月）连续3个月销售目标完成率低于60%的，级别下调一级，并由人力资源部安排相关培训。

5. 连续3个月销售目标完成率低于50%的，级别下调一级。

6. 月度基本绩效考核成绩低于60分的，经培训后，下月度考核成绩仍低于60分的，且之前连续3个月综合销售目标完成率低于50%的，公司将以不能胜任工作为由与其解除劳动合同。

（十）客户管理

1. 营销人员客户开发按公司统一安排执行。

2. 实行客户备案制。所有营销人员的客户必须备案，如果不备案最后由其他营销人员成交，则计入其他营销人员的业绩。如业务员A和B，A先找到了一个大客户C，但A没有备案；B过段时间也发现了这个大客户C，B做了备案，最后A成交了C，业绩归B所有。

3. 孤儿客户划归市场部统一管理。当营销人员离职后，他的客户就变为孤儿客户，也就是公司客户，公司将他们统一交给市场部，来代表公司进行客情维护，继续促成该客户消费公司的产品。公司按原提成比例的30%给市场部进行业绩提成奖励。

4. 公司客户。公司客户交给销售人员或团队接手业务达成后，可按照提成比例的30%给接手销售人员或团队进行业绩提成奖励。

第九章

巧借信息系统落地管理

一、第三代信息系统特点　　二、管理标准化

三、实施落地方法　　　　　四、中小企业信息系统设计定位

五、战略目标及分解执行　　六、阿米巴独立核算

七、行为积分激励　　　　　八、能力分评估

九、KPI 和价值观评估

本章导读

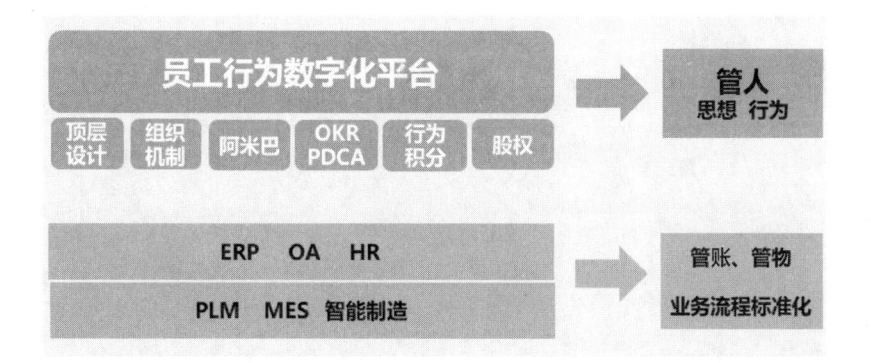

ERP 现在比较普及，但是大多数企业目前运行的 ERP 还都停留在 20 多年前设计的产品，属于二代套装软件。最新第三代平台已经很不同，作者在第三代平台系统基础上又融入了自己的独特构思，把 SOP、制度、操作手册、培训文档都直观地嵌入系统，用系统真正落地管理标准化。

本章的亮点主要是介绍绩效激励类的信息化工具，这些系统目前市面上还比较少见，或者说不够集成整体系统化。

一、第三代信息系统特点

功能集成一体化、满足未来、满足无限拓展、满足精细化管理、满足个性化控制、满足移动互联网时代、满足工业4.0……

（一）功能集成一体化

将所有功能模块，尽可能集成在一套系统里，避免信息孤岛。

功能集成一体化

CRM PDM ERP

OA HR BI MES

……无限拓展

（二）SOP 嵌入系统

SOP可以直接嵌入系统中，如下图界面就是系统软件界面，在图上可以直接点击操作。这样这个系统既是软件，也是SOP，还是规章制度和作业说明，同样也是操作手册，更是培训文档，真正地实现了业务流程标准化。

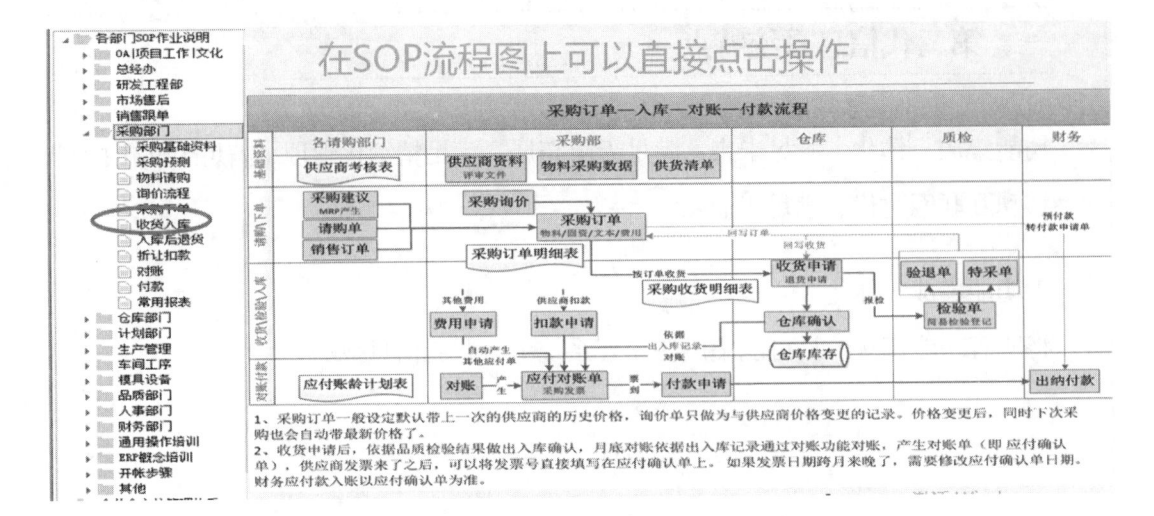

采购模块整体 SOP

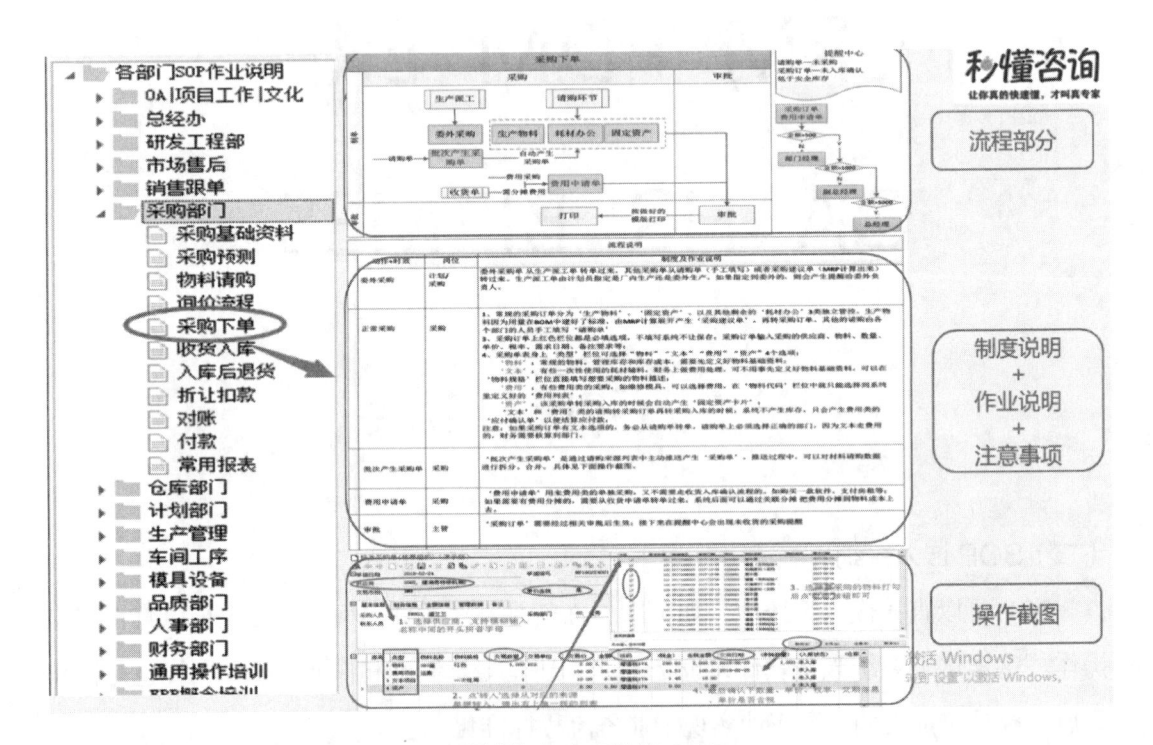

采购模块各个环节的 SOP

（三）BI 报表自定义

各种直观的分析图表可以自定义，不用动源代码开发。

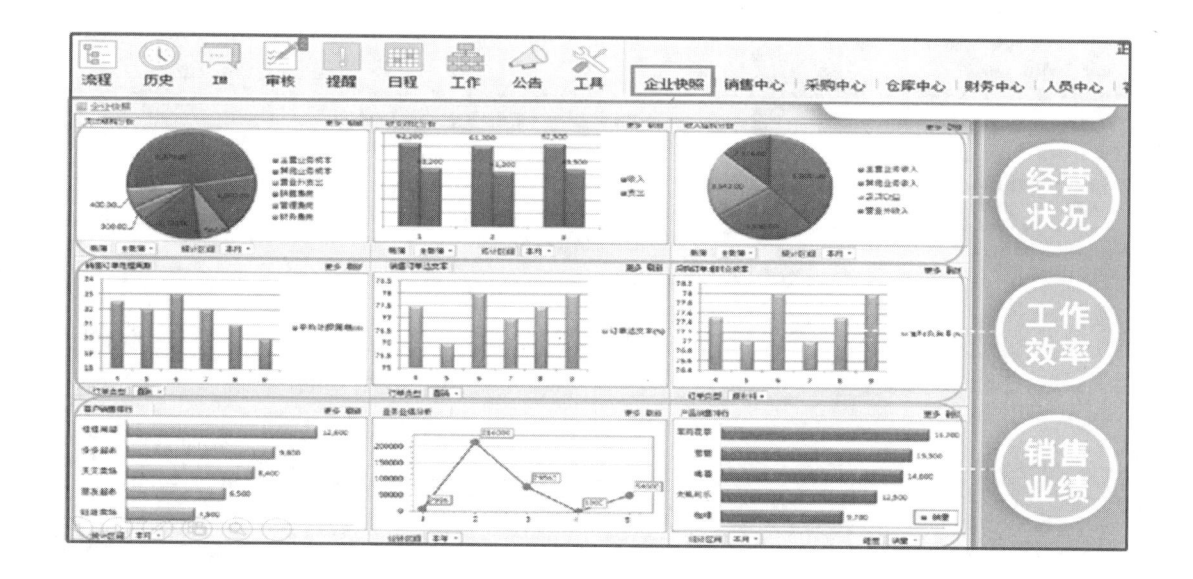

（四）多平台作业方式

可以通过多种途径登录系统操作，如客户端、浏览器、APP、微信、钉钉、PDA扫码、短信、邮件等，实现了多种途径的打通。

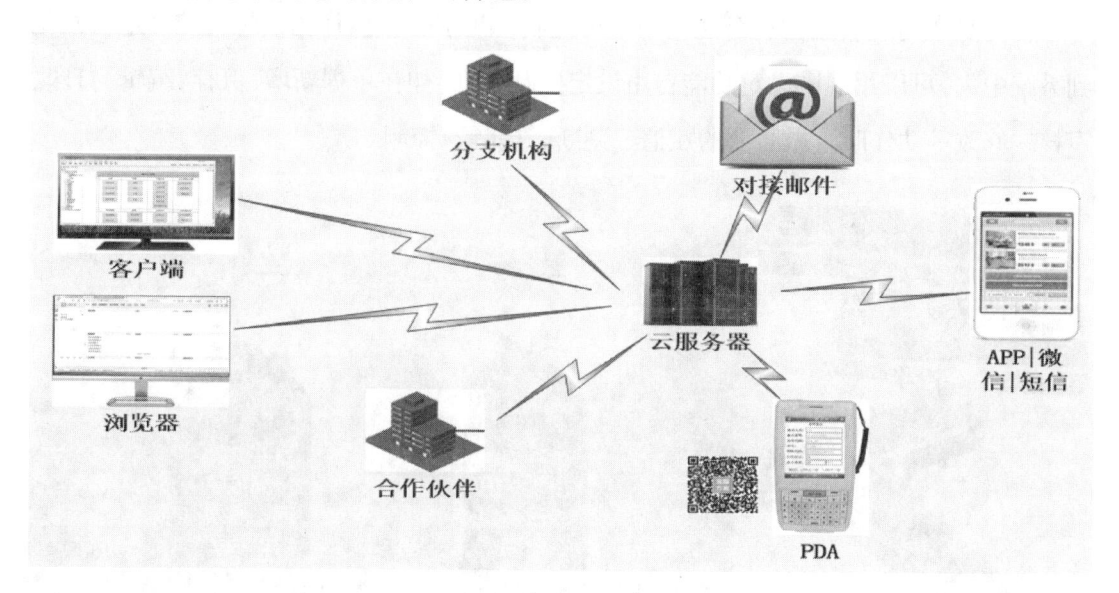

（五）自定义无限拓展平台

可以用拓展平台快速开发新的功能模块，而且是无码开发平台，顾问级别就可以快速学会增加新的功能。

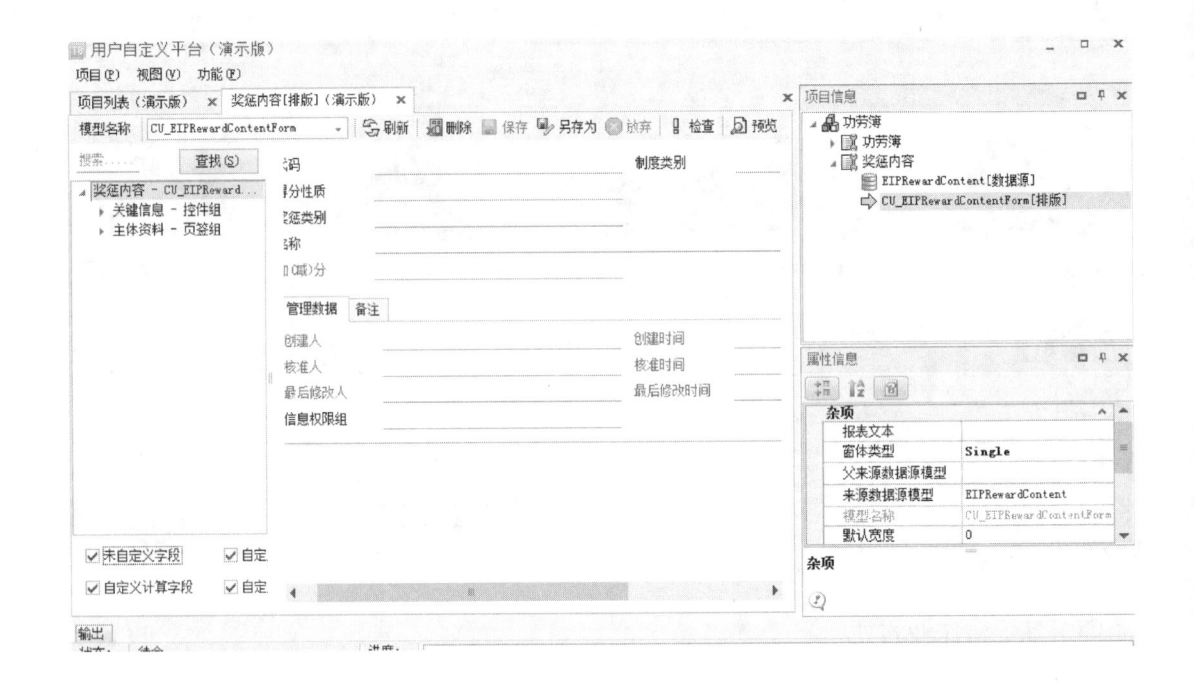

（六）商业规则设置实现个性化控制

针对每个功能企业会有个性化的逻辑控制，为了防止操作错误想把控制逻辑固化到系统中去，可以用规则设定功能自由设定控制规则。如在单据新增、保存、编辑、打印、审核、修改等动作时，做必要的赋值、判断、提醒、控制。

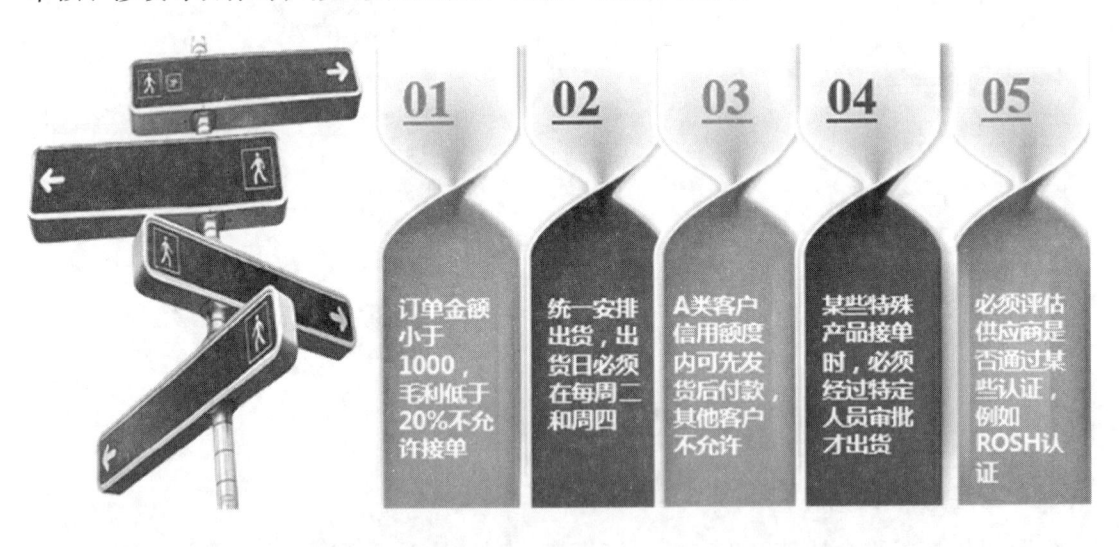

01 订单金额小于1000，毛利低于20%不允许接单

02 统一安排出货，出货日必须在每周二和周四

03 A类客户信用额度内可先发货后付款，其他客户不允许

04 某些特殊产品接单时，必须经过特定人员审批才出货

05 必须评估供应商是否通过某些认证，例如ROSH认证

二、管理标准化

整体导航框架

整体导航可以为企业每个部门指定一个目录，如左边的目录结构，共性的部分集中在一起，如企业的文化、架构等，每个按钮都可以设置关联跳转。

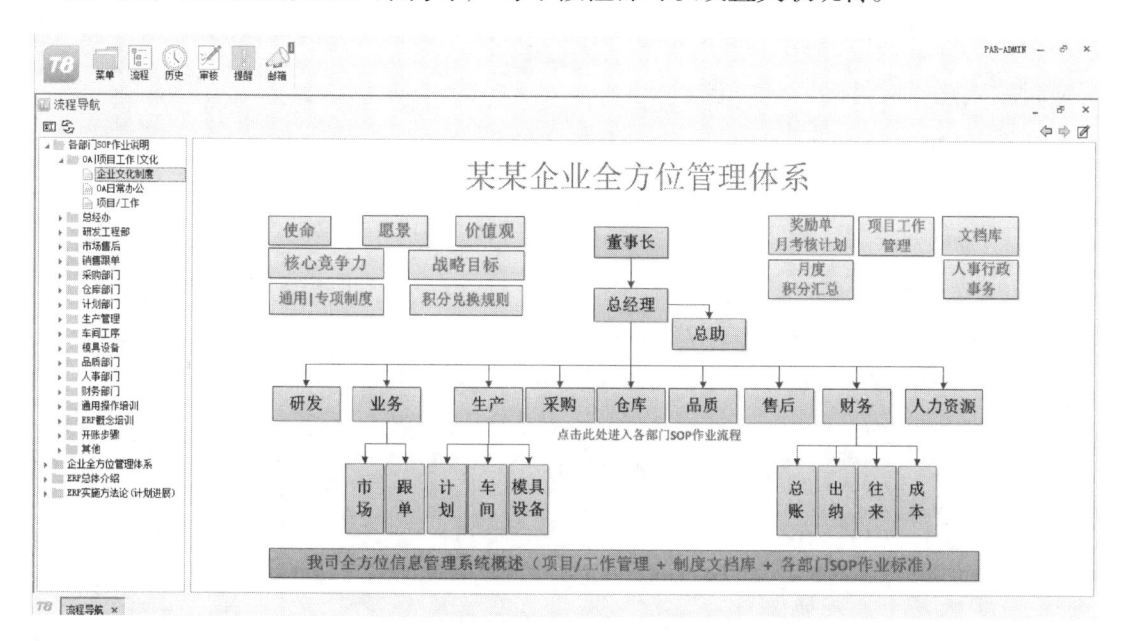

（一）采购流程（仅以采购流程为例详细罗列具体 SOP 及指导书格式，其他模块仅罗列整体流程）

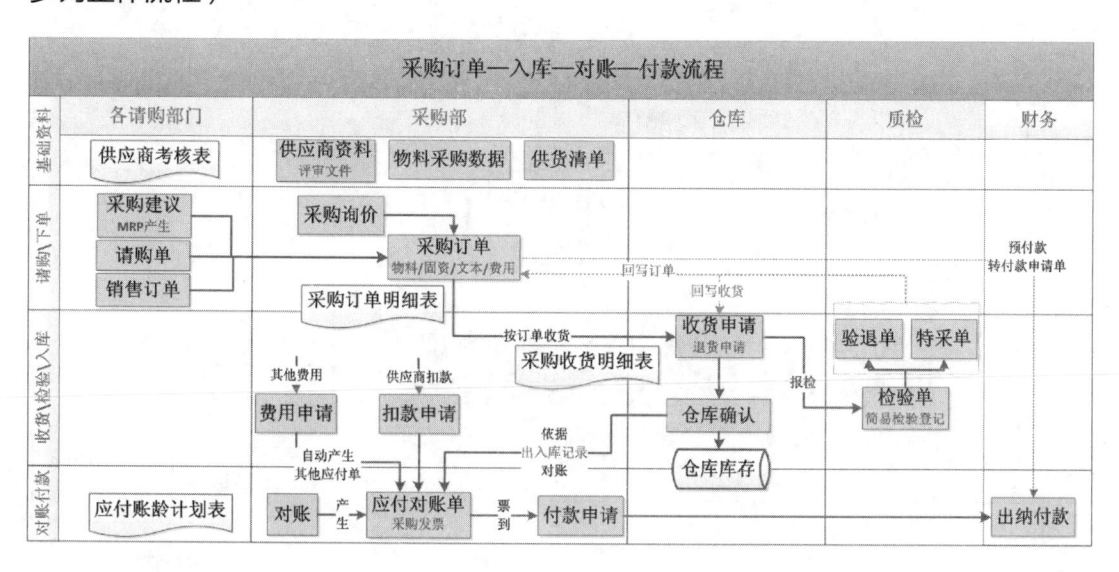

流程说明：

1. 采购订单一般设定默认带上之前供应商的历史价格，询价单只作为与供应商价格变更的记录。价格变更后，下次采购也会自动带最新价格。

2. 收货申请后，依据品质检验结果做出入库确认，月底对账依据出入库记录通过对账功能对账，产生对账单（即应付确认单），供应商发票来了之后，可以将发票号直接填写在应付确认单上。 如果发票日期跨月来晚了，需要修改应付确认单日期。财务应付款入账以应付确认单为准。

（1）基础资料 SOP

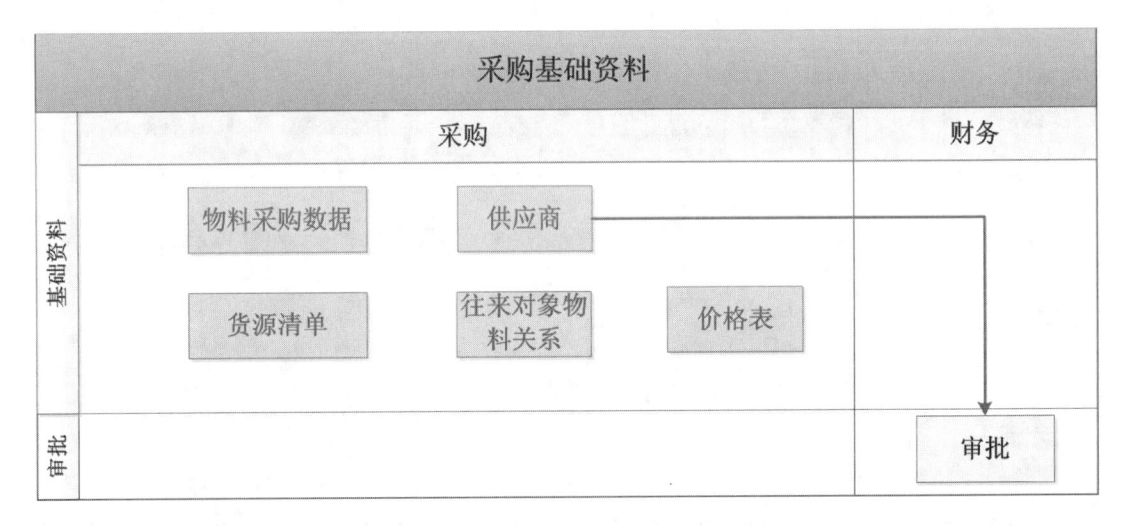

采购基础资料		
	采购	财务
基础资料	物料采购数据　供应商　货源清单　往来对象物料关系　价格表	
审批		审批

（2）请购 SOP

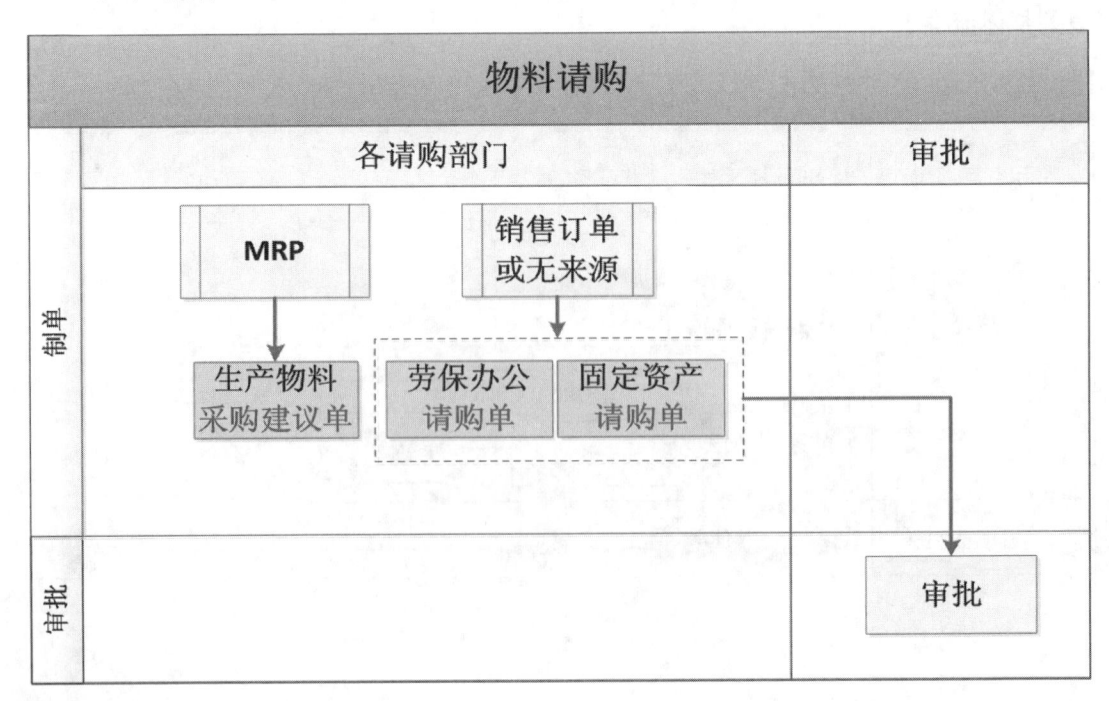

物料请购	
各请购部门	审批
制单	MRP　销售订单或无来源　生产物料采购建议单　劳保办公请购单　固定资产请购单
审批	审批

（3）采购下单 SOP

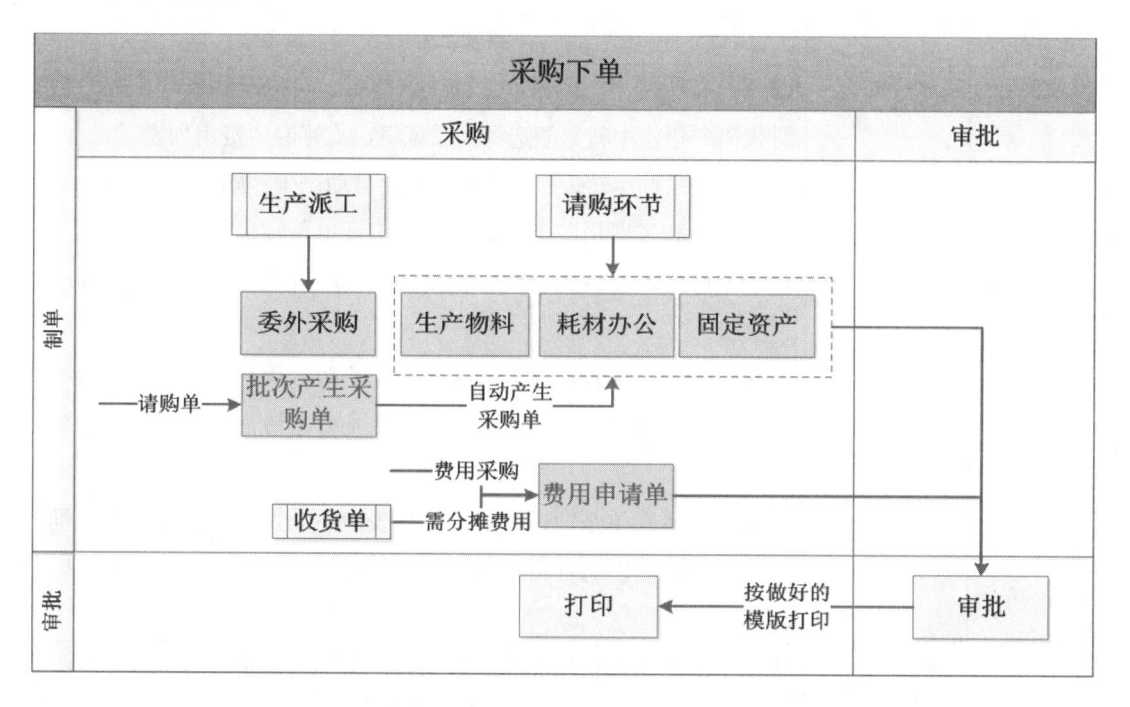

采购下单		
审批	采购	审批
审批	生产派工 → 委外采购；请购环节 → 生产物料、耗材办公、固定资产；请购单 → 批次产生采购单 → 自动产生采购单；费用采购 → 费用申请单；收货单 → 需分摊费用	
审批	打印 ← 按做好的模版打印	审批

动作时效	岗位	制度及作业说明
委外采购	计划/采购	委外采购单从生产派工单转单过来，其他采购单从请购单（手工填写）或者采购建议单（MRP 计算出来）转过来。生产派工单由计划员指定是厂内生产还是委外生产，如果指定到委外的，则会产生提醒给委外负责人
正常采购	采购	1. 常规的采购订单分为生产物料固定资产，以及其他剩余的耗材办公三类独立管控。生产物料因为用量在 BOM 中建好了标准，由 MRP 计算展开产生采购建议单，再转采购订单。其他的请购由各个部门的人员手工填写请购单 2. 采购订单上红色栏位都是必填选项，不填写系统无法保存。采购订单输入采购的供应商、物料、数量、单价、税率、需求日期、备注要求等 3. 采购单表身上"类型"栏位可选择"物料""文本""费用""资产"四个选项 物料：常规的物料，管理库存和库存成本，需要先定义好物料基础资料 文本：有些一次性使用的耗材辅料，财务上做费用处理，可不用事先定义好物料基础资料，可以在"物料规格"栏位直接填写想要采购的物料描述

续表

动作时效	岗位	制度及作业说明
正常采购	采购	费用：有些费用类的采购，如维修模具，可以选择费用，在"物料代码"栏位中就只能选择到系统里定义好的"费用列表" 资产：该采购单转采购入库的时候会自动产生"固定资产卡片" "文本"和"费用"类的请购转采购订单再转采购入库的时候，系统不产生库存，只会产生费用类的"应付确认单"以便结算应付款 注意：如果采购订单有文本选项的，务必从请购单转单，请购单上必须选择正确的部门。因为文本是走费用的，财务需要核算到部门
批次产生采购单	采购	批次产生采购单是通过请购来源列表中主动推送产生采购单。推送过程中，可以对材料请购数据进行拆分、合并，具体见下面操作截图
费用申请	采购	费用申请单用来费用类的单独采购，又不需要走收货入库确认流程的。如购买一款软件、支付房租等。 如果需要费用分摊的，需要从收货申请单转单过来，系统后面可以通过关联分摊，把费用分摊到物料成本上去
审批	主管	采购订单需要经过相关审批后生效，接下来在提醒中心会出现未收货的采购提醒

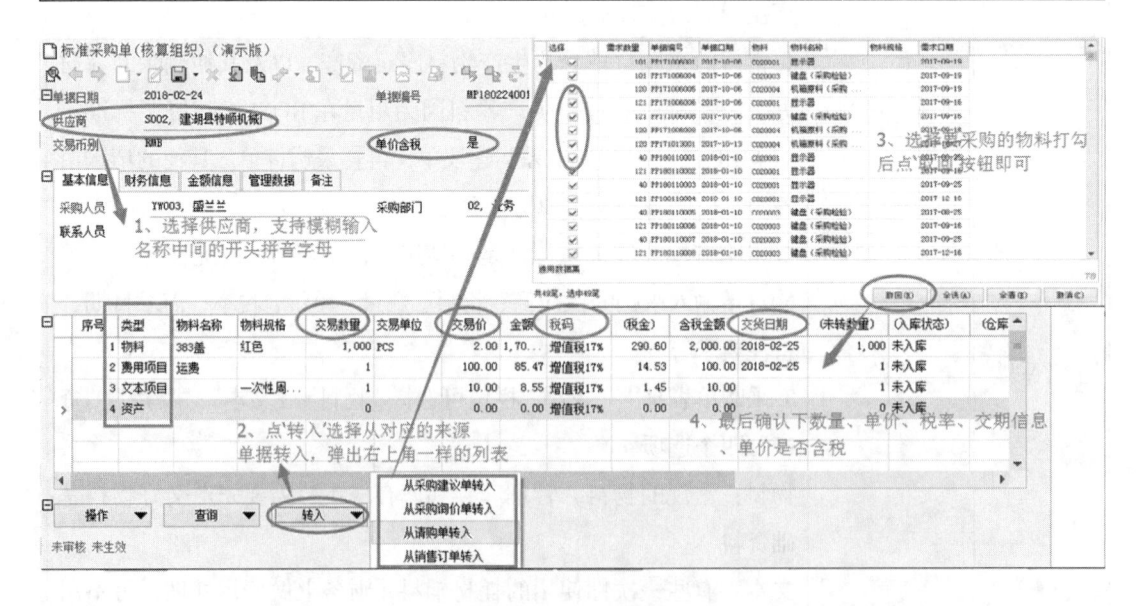

采购订单操作截图

（4）采购收货 SOP

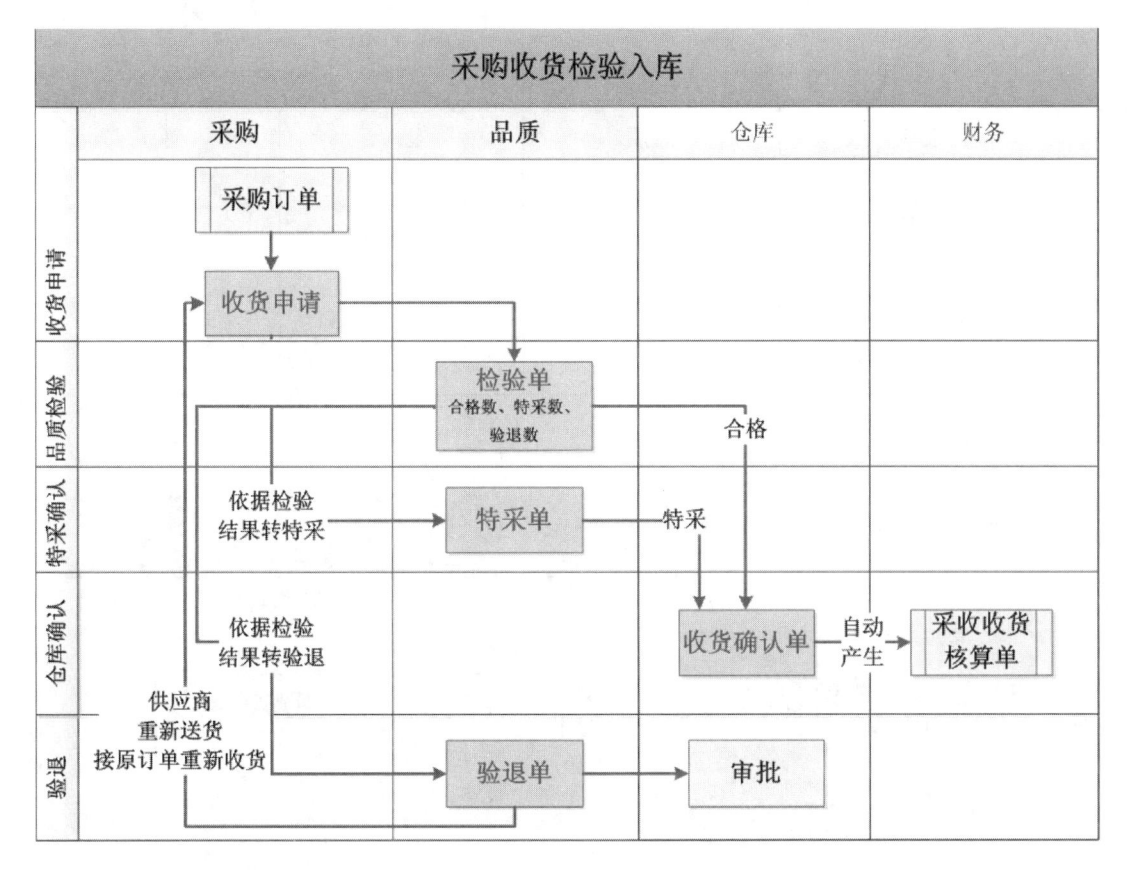

采购收货检验入库

	采购	品质	仓库	财务
收货申请	采购订单 → 收货申请			
品质检验		检验单（合格数、特采数、验退数）	合格	
特采确认	依据检验结果转特采	特采单	特采	
仓库确认	依据检验结果转验退		收货确认单 → 自动产生 → 采收收货核算单	
验退	供应商重新送货接原订单重新收货	验退单 → 审批		

（5）入库后退货 SOP

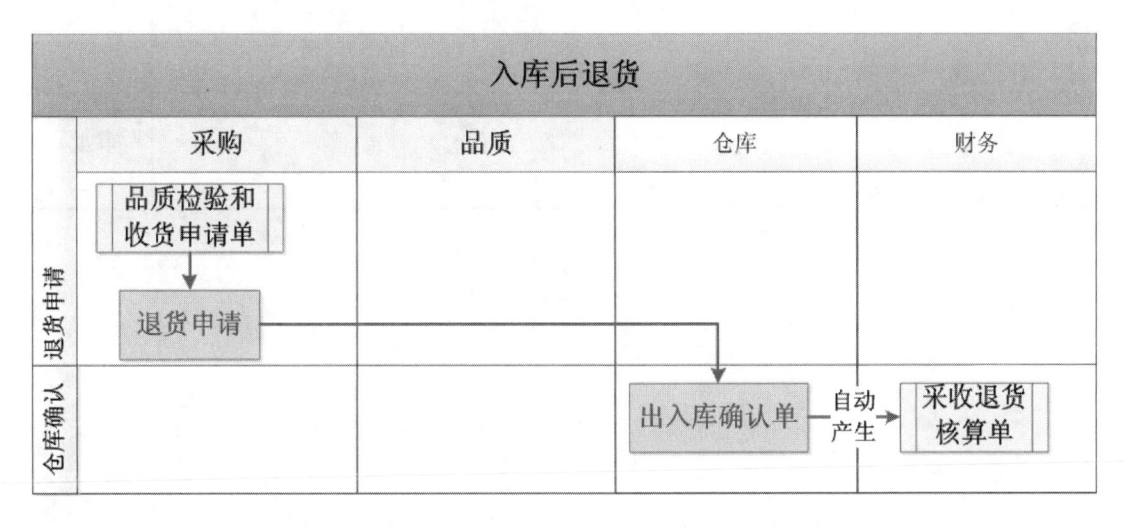

入库后退货

	采购	品质	仓库	财务
退货申请	品质检验和收货申请单 → 退货申请			
仓库确认			出入库确认单 → 自动产生 → 采收退货核算单	

（6）折让扣款 SOP

折让扣款				
	采购	品质	仓库	财务
采购折让申请单	瑕疵特采 延迟或其他 → 采购折让申请单			

（7）对账 SOP

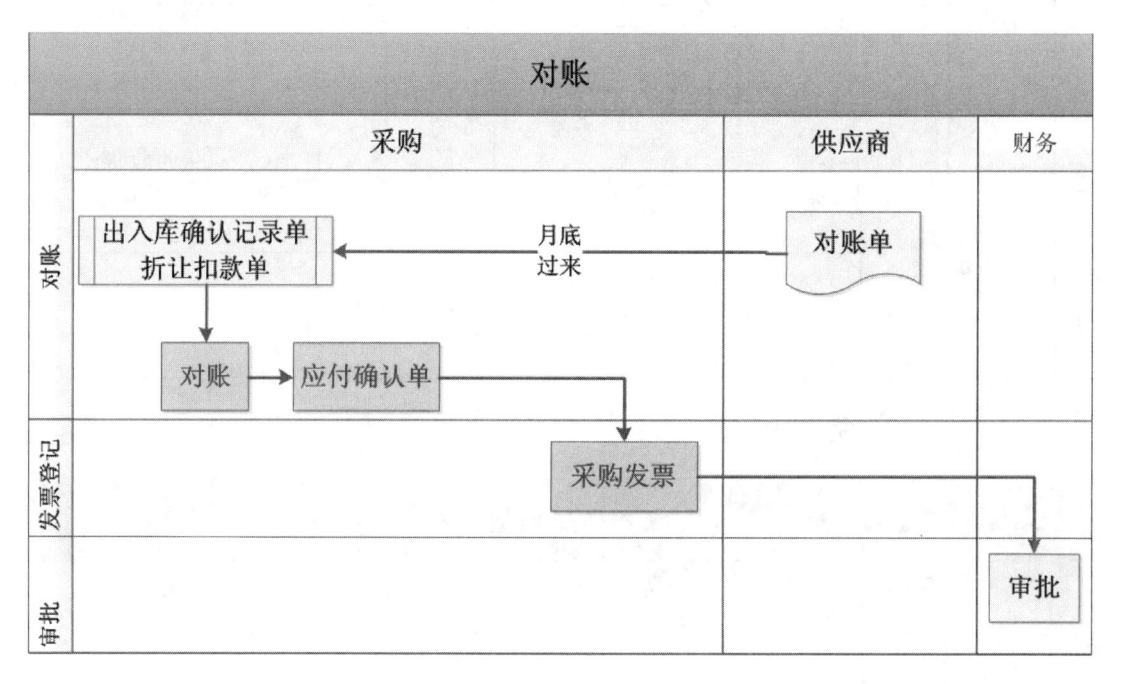

对账			
	采购	供应商	财务
对账	出入库确认记录单 折让扣款单 ← 月底过来 → 对账 → 应付确认单	对账单	
发票登记		采购发票	
审批			审批

（8）付款 SOP

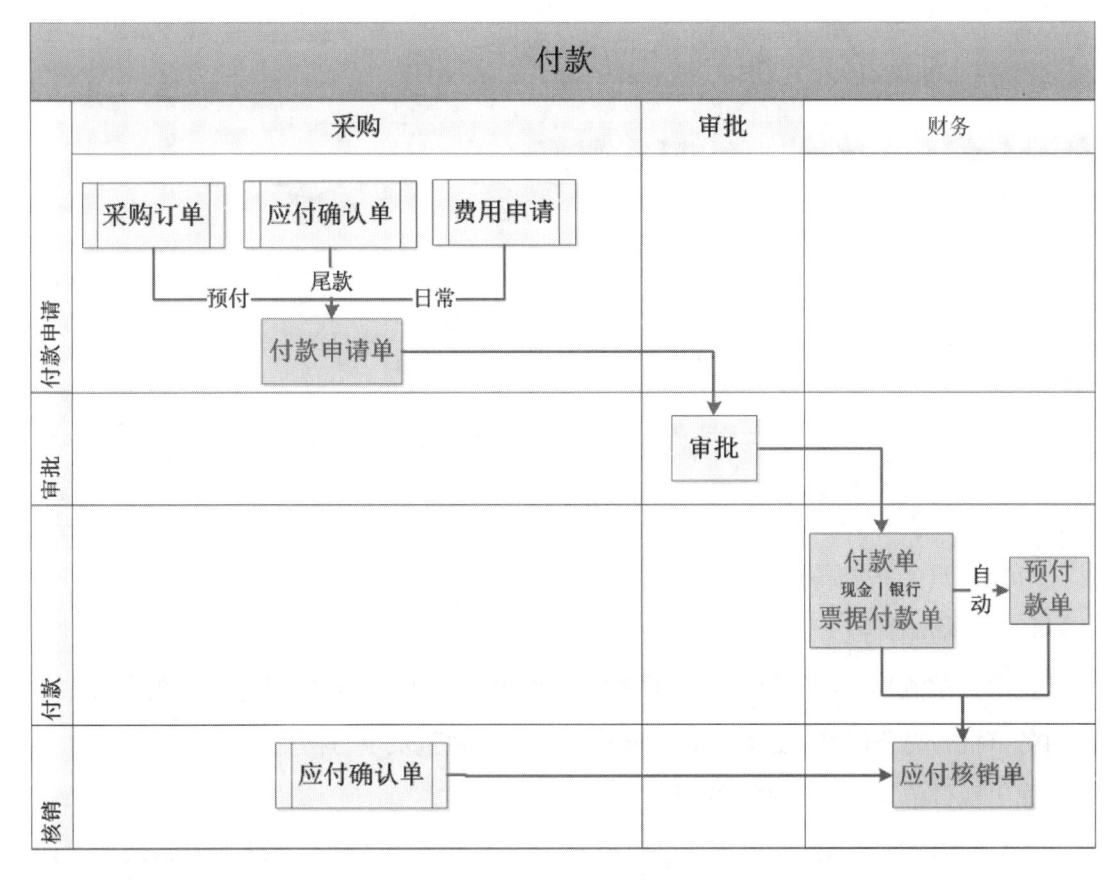

	付款		
	采购	审批	财务
付款申请	采购订单 → 预付 → 付款申请单 应付确认单 → 尾款 → 费用申请 → 日常 →		
审批		审批	
付款			付款单 现金 | 银行 票据付款单 —自动→ 预付款单
核销	应付确认单		应付核销单

（9）常用报表

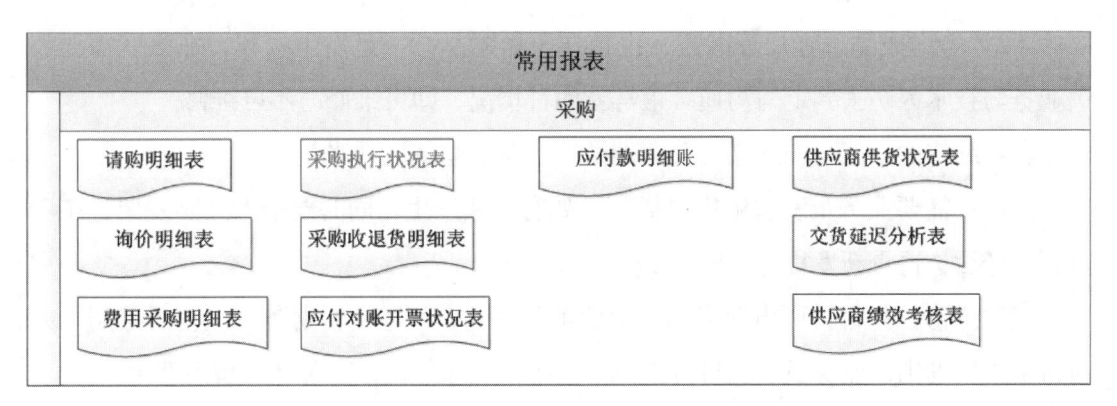

常用报表			
采购			
请购明细表	采购执行状况表	应付款明细账	供应商供货状况表
询价明细表	采购收退货明细表		交货延迟分析表
费用采购明细表	应付对账开票状况表		供应商绩效考核表

（二）销售流程

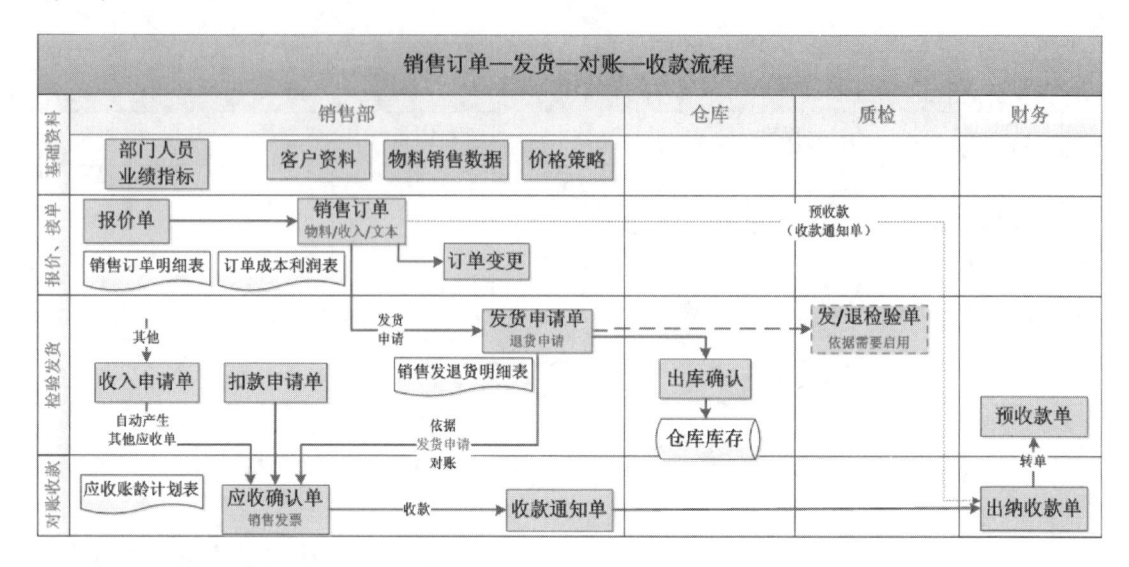

	销售订单—发货—对账—收款流程			
	销售部	仓库	质检	财务
基础资料	部门人员业绩指标　客户资料　物料销售数据　价格策略			
报价、接单	报价单 → 销售订单（物料/收入/文本）→ 订单变更 销售订单明细表　订单成本利润表			预收款 （收款通知单）
检验发货	其他 收入申请单　扣款申请单 自动产生 其他应收单 发货申请 销售发退货明细表 依据发货申请	发货申请单 退货申请 ↓ 出库确认 ↓ 仓库库存	发/退检验单 依据需要启用	预收款单
对账收款	应收账龄计划表　应收确认单 销售发票 —收款→	收款通知单		转单 ↓ 出纳收款单

可分为四个部分解析销售流程。

1. 订单物流管控

正常订单流程，业务根据订单数量发起发货申请单，同时控制是否存在账款，交由财务审批，财务审批通过后，再到仓库确认发货数量及填写物流信息。

如出现订单异常，做如下处理：

（1）为预防运输过程中损坏，可以在订单上单独添加预计损坏的发货数量，作为赠品发货。

（2）考虑成品、客户等因素，也存在不做赠品，一旦发生损坏，那么就需要相关业务与技术人员去判定与沟通。正常就两种情况，即可维修与不可维修。

在可维修的状况下一般又会有两种做法：返厂与就地维修。

返厂：需要业务员发起销售退货单，如有发票产生，同时要录入红字发票，工厂重新生产后，再重新发货与开票。

就地维修：如材料可当地采购，由业务员发起费用申请，财务计入售后费用。如材料由工厂发出，业务员发起材料出库申请单，仓库复核，财务计入售后费用。

不可维修又会有两种做法：直接退货与换货。

直接退货：需要业务员发起销售退货单，如有发票产生，同时要录入红字发票，业务需要手动关闭订单。

换货：需要业务发起补货订单，同时说明原因，作为赠品发货。

如与物流公司或保险公司等单位产生的费用纠纷，直接财务做账，不计入对外业务。

2. 订单收款管控

目前企业很关注收款进度与状况，传统 ERP 都是以销售发票确认应收账款，线下分析各笔订单收款账款，做得很累。新概念下应该是在销售订单下达后，就直接再录一张收款进度单，按收款进度进行拆分，如 100 万销售订单，拆解成三行：

第一行：预收款 30 万，收款日期为 2020-12-05

第二行：发货款 60 万，收款日期为 2021-02-05

第三行：尾款 10 万，收款日期为 2021-06-05

这样拆分出来，根据收款日期提醒，就可以通知到对应业务员做相关的处理。财务最终计入客户实际付款，与实际开票核销。

3. 售后服务

在收完销售订单尾款，同时履行完销售订单条例后，该笔订单进入售后服务，如需要厂家定期维护的，可与客户签订服务合同，或单独上门处理的服务协议，财务计入其他业务收入（按部门核算到业务部门）。业务员与技术人员产生的差旅、报销，财务计入售后费用。

4. 坏账分析

对于长期存在账款的客户，进行坏账分析，常见按六个月的区间间隔分析；财务半年或一年计提一次坏账。同样，这一类客户，建议设定账款额度，每当发货时，就提醒业务员与财务，当前额度不足。

（三）技术流程

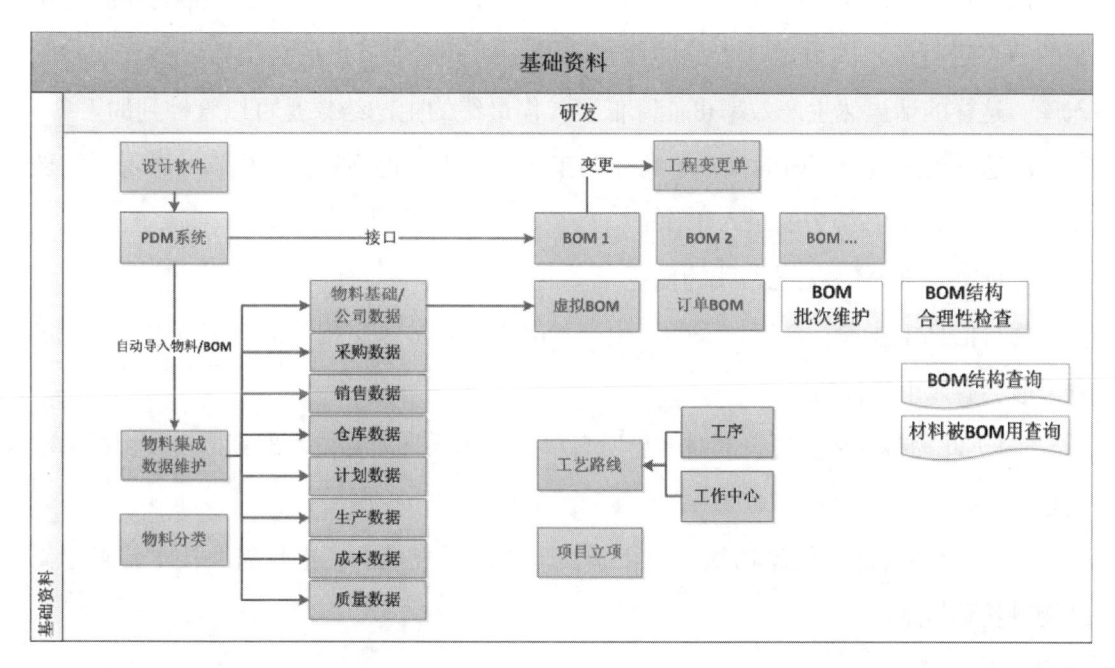

正常技术流程有四项工作：

1. 公司物料建立

物料搭建的前提：做好编码原则的设定，一般都会建议以物料类别作为编码原则。

物料搭建的管控：控制物料建立权限，只针对部分人授权可建立物料，其他人必须要申请物料建立。

物料搭建的完善：一般由技术建立基础资料与生产信息，再由其他部门判定其他信息，如是否检验、价格设定等信息。

2. BOM搭建

很多时候，公司使用设计软件并存在设计图纸，那么前期就需要有一个很专业的人员，将图纸分解成BOM格式。后期再设计时，就可以完善好ERP中需要的信息，再由专门人员转入ERP中，技术经理审批即可。

BOM搭建的时候，注意损耗、替代料等信息的维护。

3. 工艺路线

工艺路线的搭建，现在很多人其实分不清工艺搭建的管理。经常碰到技术部会针对某个产品，出一个全部的生产工艺路线，这种方式实际上存在问题。主要是在生产工艺中，某个阶段是否会存在入库与委外的管控。

对于这类问题，我的建议是，首先确认几个能管控的节点，往往现在很多工厂都是缺少了管控，一直在产线生产与流转，到最后入库或者发货了才会发现生产少了。

设定好这个管控节点后，其实就相当于对产品进行了一个拆分，按照每个拆分出来的节点进行工艺的设定。产品即使在现场，到了这个节点后，也需要做一次检验入库。这样的话虽然生产效率可能降低了，但最终的生产结果是可以管控到的。

以这种模式运行一段时间后，每个员工的行为也能得到管控，到那时再考虑解放流程，减少ERP系统中的录入工作。

4. 物料与BOM、工艺路线的变更

物料信息（技术、仓库、采购、生产）由相关人员提交相应部门变更申请，此过程一般会有以下三种情况：

（1）此物料永久变更，同时变更所有单据，那么只需要技术部直接修改物料基础信息。

（2）此物料部分信息错误、规格异动（描述不规范），也只需要技术部直接修改物料基础信息。

（3）此物料完全无法使用，那么就需要新建物料，变更所有涉及此物料的 BOM 信息；仓库盘点；采购是否存在订单，要进行变更；生产有物料未领，变更生产任务单。

（四）计划分解流程

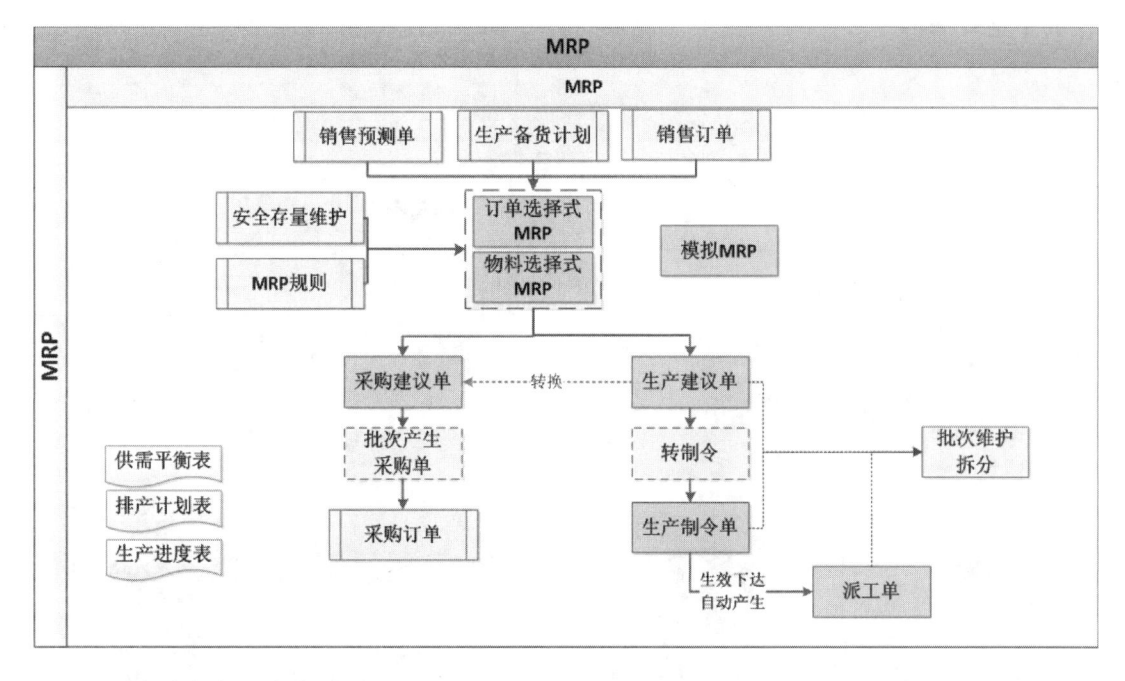

计划可分为两大负责人：

1. 仓库：仓库对公司辅料每月、每季、每年进行一个分析，设定好安全库存，那么每月就可产生一张安全库存提醒表。仓库可以根据这个安全库存提醒表，录入采购请购单。

2. 生产、采购计划员：这个计划员考虑的事情就会多点。首先判定仓库是否参与库存分析。其次判定物料是否参与库存分析，即毛需求与净需求。最后净需求的条件设定：分为两个，哪部分单据纳入需，哪部分单据纳入供。纳入需的正常有销售订单、生产计划单、生产工单、材料领用单。纳入供的有采购入库单、其他入库单、采购请购单，等等，按照公司运行状况，设定好分析条件。

库存分析后，就需要再设定生产日期与采购日期。一般按照客户需求日期，倒推算出生产日期（包含生产日期、包装入库、运输日期），然后再推算出采购日期（供应商生产日期、运输日期、品检日期）。

以上条件设定好之后，再根据技术设定的 BOM 与工艺，通过 MRP 功能，系统自动分析出采购建议单与生产建议单。采购建议单，计划员确认后，可提交到采购员，采购见到信息，转入采购订单；生产建议单，同样计划员确认单，车间产能是否满足，不满足可转交采购建议或者委外生产工单。

生产排产：根据总的生产建议单，可自由根据班次、班次的产能，进行生产拆分，同样转交到不同班次负责人，提前排产、排班。

（五）生产流程

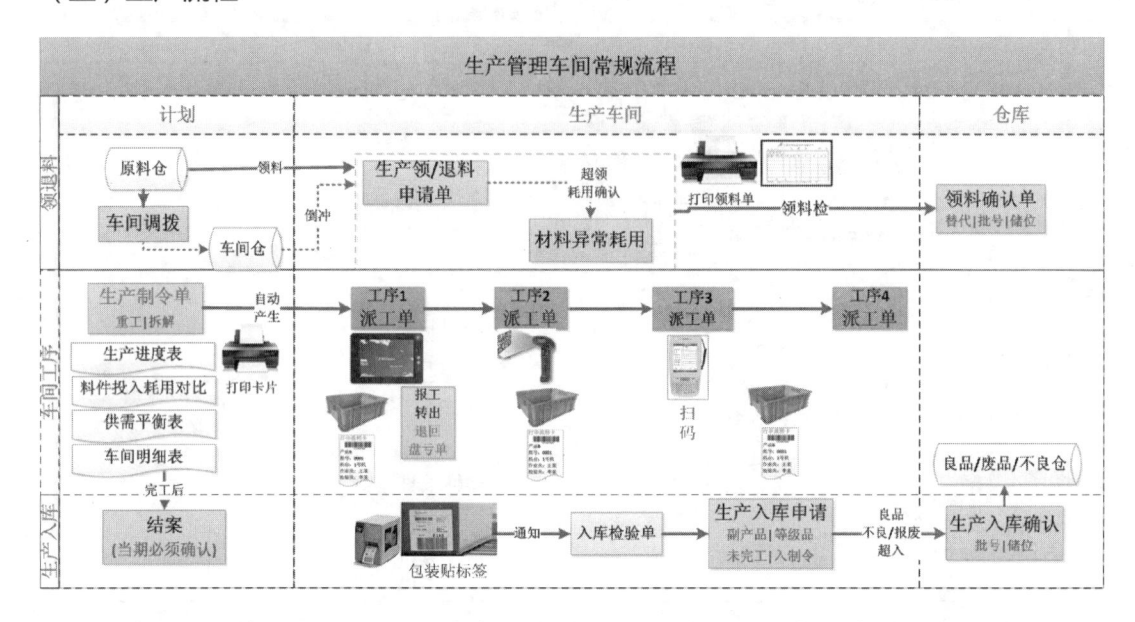

生产根据生产类型可分为：生产制令单（无工艺）、生产制令单（带工艺）、委外工单、重工单。

1. 生产制令单（无工艺线）

组装型生产或直接厂内就一道工艺的话，可以使用这种类型生产制令单，只需要做好生产领料与生产入库即可。

2. 生产制令单（带工艺）

如果多生产车间需要生产过程管控工时、工价的分析，就需要用到带工艺的生产制令单，也需要对技术建立 BOM 与工艺要提高点要求，建立好生产结构。

车间文员通过报工单，每日上报生产结果，最终得到生产进度表，统计生产制令单的总工时与工价。

3. 委外工单

委外工单可分为两种：第一种委外工单，由己方提供材料，交给加工商组装，组装后可直接入库；第二种委外工单，同样由己方提供材料，加工商会进行处理（镀锌等）。以上两种方式都需要录入委外订单，加入委外加工成本。

4. 重工单

一般为客户退回或生产不良品，这时就需要下达重工单，同时由技术部确认，是否需要补入材料与重工工艺，生产从不良品仓领出不良品。

（六）财务流程

前端各模块和财务总账对接框架图

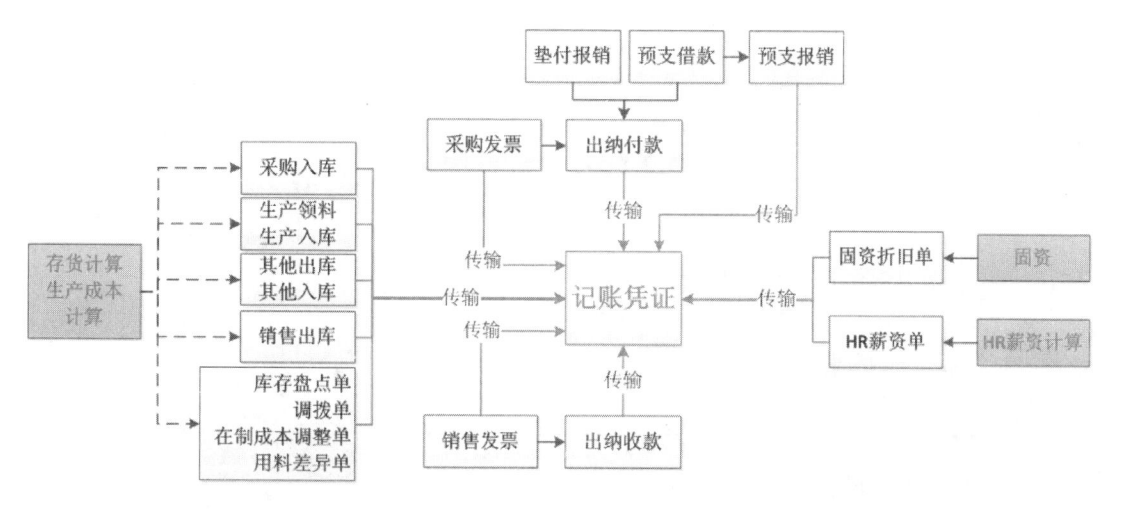

1. 财务模块

（1）基础资料

① 设定好科目结构，一般 4-2-2-2-2 形式，即一级会计科目 4 位，后面都是 2 位。

② 设定好科目核算，如应收账款核算客户、费用类科目核算部门。

③ 单独只用财务模块的，存货科目可设定数量金额式。

④ 科目使用核算外币，期末调汇。

（2）期初余额

一般从年初启用账套，年初科目余额直接录入即可；也有存在中间月份启用账套的，录入期初余额，同时可录入本年累计发生，这样最终的财务报表也可以看到一年的发生。

（3）凭证录入有多种方式

① 直接手工录入凭证，熟悉快捷键应用。

② 可设定传输模板，实现业务与财务端对接，由业务端传输凭证到财务端。

③ 可设置周期性凭证，设置固定的凭证模板，每月自动生成。

（4）期末作业

有外币核算的科目，做好期末调汇，结转损益后，月结；有需要调整凭证时，提前删除结转损益的凭证，调整后，再重新结转损益，结账。

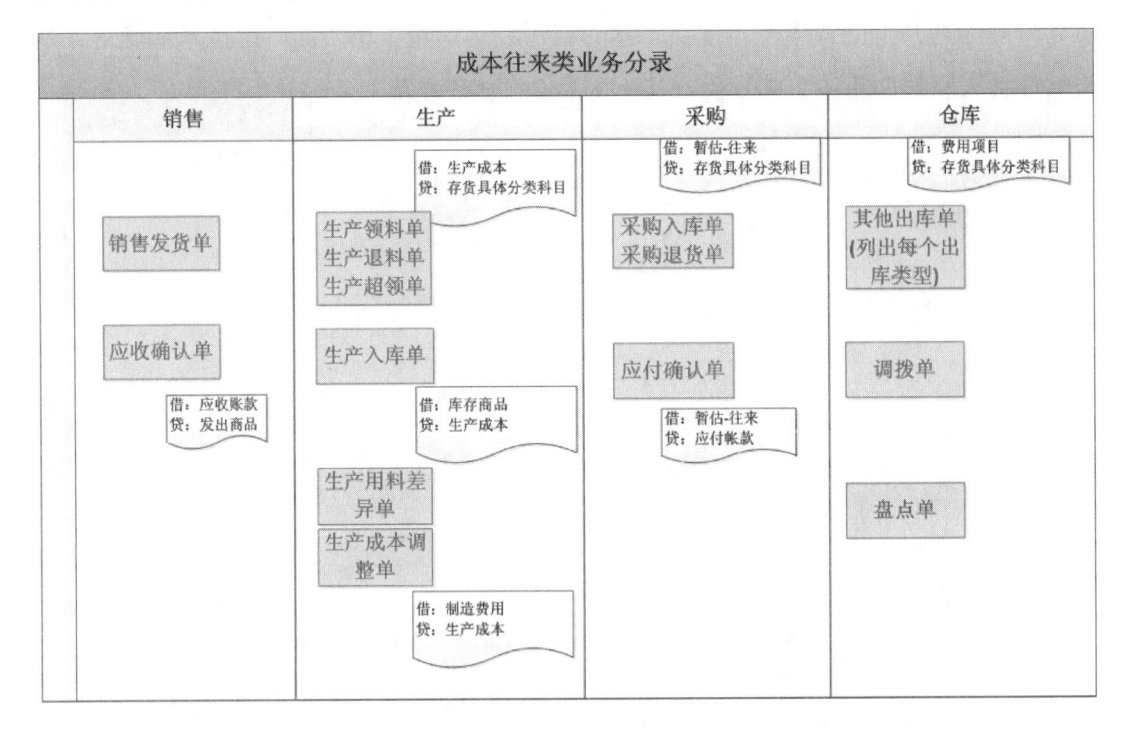

成本往来类业务分录

销售	生产	采购	仓库
销售发货单 应收确认单 借：应收账款 贷：发出商品	借：生产成本 贷：存货具体分类科目 生产领料单 生产退料单 生产超领单 生产入库单 借：库存商品 贷：生产成本 生产用料差异单 生产成本调整单 借：制造费用 贷：生产成本	借：暂估-往来 贷：存货具体分类科目 采购入库单 采购退货单 应付确认单 借：暂估-往来 贷：应付帐款	借：费用项目 贷：存货具体分类科目 其他出库单 (列出每个出库类型) 调拨单 盘点单

2. 成本可分为两部分：

（1）生产成本

设定好分摊项目，一般为制造费用与人工费用。直接材料在核算后，自动汇总到对应生产工单上。

设定好分摊依据，正常可按数量、工时、成本等方式，进行费用分摊。

注：有通过其他出入库产生的制造费用，在分摊时，应过滤掉相同物料，避免制造费用发生变化。

如跟财务系统对接的话，做好月底对比工作，生产模块期末的生产成本应与科目余额中的生产成本一致。

（2）存货成本

月底做好关账，确认所有单据的完成工作（如审批），存货核算后，存货模块月底的期末存货余额应与科目余额中的存货余额一致。

注：使用新ERP系统的客户，建议提前做好标准成本，可作为开始使用系统核算后的成本对比，存在异常时，可用成本调整单调整好存货成本。

（七）OA部分

OA部分主要是日常行政、后勤办公类的信息化管理，如印章使用、会议申请、请假、加班、报销、车辆管理、会议管理、文档管理、计划总结等。仅仅是把这些单据走无纸化信息化而已，方便在线审批。

OA办公导航				
公务	考勤	人事行政	办公|固资|车辆
印章使用	请假	用人申请	办公借出|归还
礼品申请	加班	入职申请	固资管理
会议申请	出差	转正申请	车辆管理
接待申请	公出	离职申请	
		离职交接	
		薪资调整申请	
培训管理	报销	计划总结	文档|通讯录
培训课程	预支借款	计划总结	公司文档库
培训记录	费用报销	工作日志	通讯录

费用报销，可以把报销相关的审批流程和公司报销制度都嵌入系统。

费用报销SOP			
流程	说明	责任部门	责任人
预支借款单 → 预支报销单 ← 原始单据粘贴 ↓预支金额 ↑少补多还 垫付报销单 出纳收付款 ← 垫付金额 ↓ 部门经理审批 ↓Y 财务部门审批 ↓Y ◇2000以下◇ ↓N 分管副总审批 ↓ ◇2000以上◇ ↓ 总经理审批	费用报销管理规范： 1.报销人在报销前必须事先整理好各类单据，首先对单据的类别、时间、批次、项目等进行分类，然后按照一定的标准清晰准确地粘贴在报销单据的后面，并在附件中写明所附单据的张数。单据数量比较烦杂的要写出报销明细清单附在后面 2.所有发票、单证的报销，必须业务内容完整，金额计算正确，大小写相符，字迹清晰，如：开票日期、公司全称、品种规格、数量、单价、金额等缺一不可。统一发票（指增值税专用发票以外，加盖有税务监制章的发票）、收款收据报销必须加盖开具收据的单位公章（或财务专用章）和经办人签字 3.单据分别不清晰，有涂改痕迹及粘贴不规范的，财务部门可要求对方改正，不改正的有权予以拒绝受理 4.公司为提高工作效率，规定如下：单笔报销金额或单笔票据报销金额在2000元以下的，按照正常的流程由公司常务副总审批即可，金额超过2000元以上的必须要由公司总经理的审批。财务人员操作付款时须掌握好审批金额权限，操作不规范的不得付款 5.财务人员根据财务账的及时性配比性要求掌握好各项报销的时间，原则上各项单据或费用必须在发生结束后按照正常规定的流程操作 6.原则上当月发生当月取得并当月报销，业务人员有及时催收票据的义务 7.公司费用报销必须真实合法，严禁使用白条或其他不合法的凭证，一些特殊情况需要使用替代凭证的，也必须由副总和财务主管的共同认可，同时做到财务操作的安全合法 8.替代凭证要求做到时间合理、摘要明确、金额确定，不能真假混杂，给公司带来财务风险 单据操作规范： 报销费用的用途、金额、报销人必须填写	各部门	各部门

印章使用，可以把印章使用相关的审批流程和公司报销制度都嵌入系统。

	公章使用申请SOP		
流程	说明	责任部门	责任人
印章使用申请单 ↓ 部门主管审批 ↓ 部门经理审批 ↓ 总经理审批 ↓ 公章收发管理制度	公章收发管理制度： 1. 公司的公章、专用公章由办公室专人保管，各部门公章由各部门指定专人专柜保管，并将保管公章人员名单报办公室备案 2. 公章保管须有记录，注明公章名称、颁发部门、枚数、收到日期、启用日期、领取人、保管人、批准人、图样等信息 3. 严禁员工私自将公章带出公司使用。若因工作需要，确需将公章带出使用，需提交申请报告，由部门主管同意，总经理批准，并报办公室主任确认后方可带出 4. 公章使用必须建立用章登记制度，严格审批手续，不符合规定的和不经主管领导签发的文件、合同等，办公室有权拒印 5. 严禁填盖空白合同、协议、证明及介绍信。因工作特殊确需开具时，须经主管行政副总经理或总经理同意方可开具；待工作结束后，必须及时向公司汇报开具手续的用途，未使用的必须立即收回 6. 公章保管人因事离岗时，须由部门主管指定人员暂时代管，以免贻误工作，公章保管必须安全可靠，须加锁保存，公章不可私自委托他人代管 7. 公章移交须办理手续，签署移交证明，注明移交人、接交人、监交人、移交时间、图样等信息 8. 公章保管有异常现象或遗失，应保护现场，及时汇报，配合查处 9. 公章停用（公司名称变动/公章使用损坏/公章遗失或被窃等）时须经总经理批准，及时将停用公章送办公室封存或销毁，建立公章上交、存档、销毁的登记档案 10. 违反以上规定者，公司将追究相关人员的责任，若给公司造成一定经济损失或不良社会影响者，公司将追究其法律责任 单据操作规范： 领用部门、领用人、公章领用用途必须填写	各部门	各部门

（八）HR部分

HR部分主要是人事、薪资、考勤、排班、招聘、合同、培训、保险等相关的功能，表面上看HR系统应该是管理完整的人力资源的，但是绩效激励相关的部分做得很少，一般仅仅是带一个简单的KPI表格。

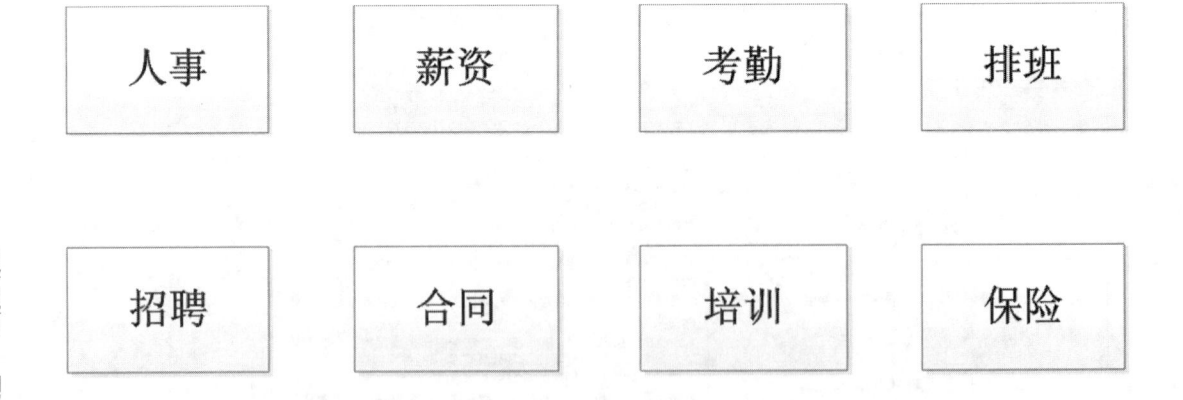

人事	薪资	考勤	排班

招聘	合同	培训	保险

（九）PLM部分

PLM部分主要是针对研发设计部门。市面上有三类产品，一类是最简单的即图文档管理，也叫EDM，主要是管理从图纸的设计开始，到归档、发布、变更、作废等过程的完整管理。在此基础上再上升一级叫 PDM，多了一个产品结构设计管理，BOM 管理，可以和 ERP 做 BOM 对接。再往上到 PLM，多了项目管理，如汽配行业的 APQP 体系。

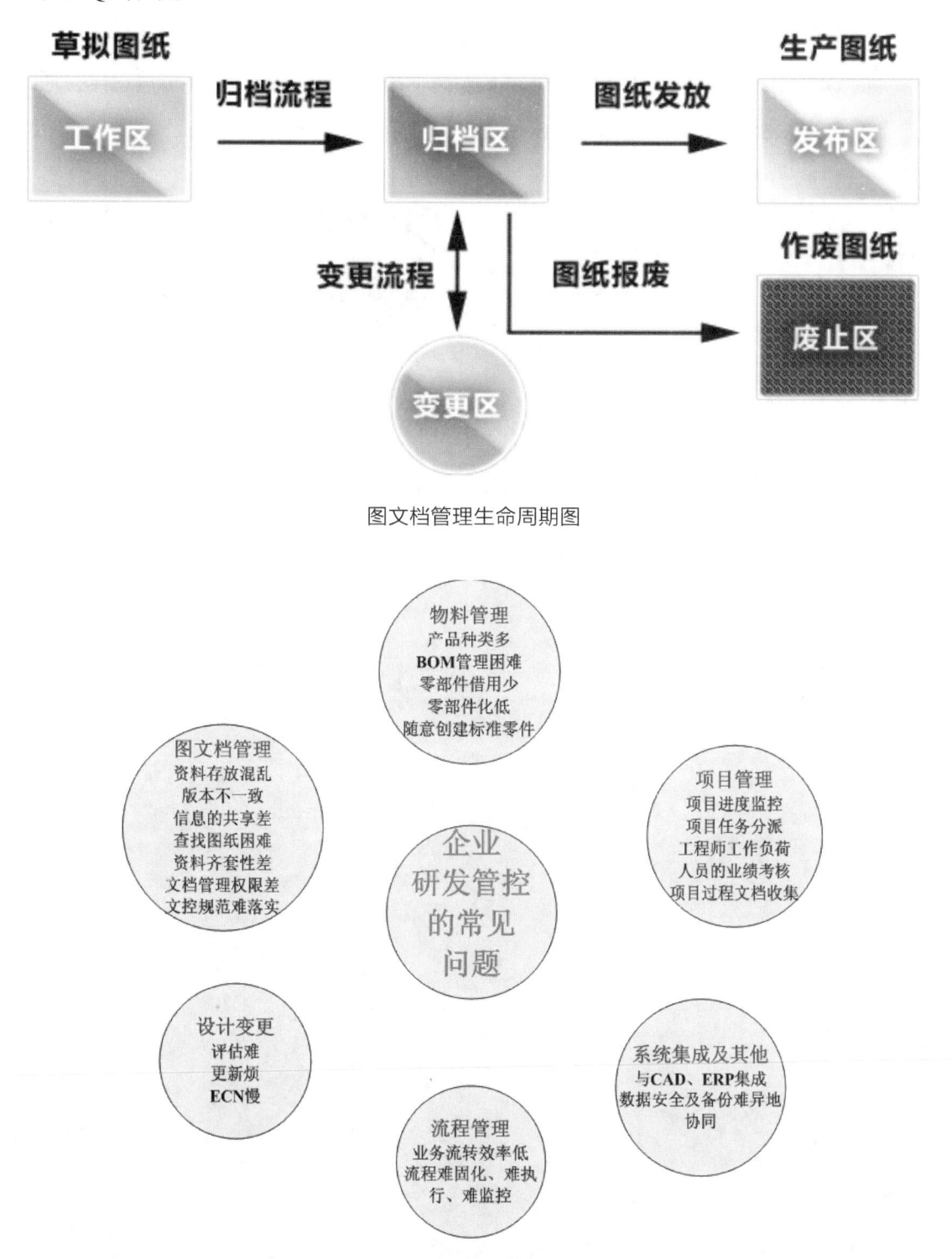

图文档管理生命周期图

PLM 主要解决的研发管理问题

（十）MES 部分

MES 部分主要是对 ERP 系统生产管理的补充，ERP 中也有生产管理模块，但是不够智能化。ERP 中的生产管理主要满足于工单的领料和入库，实现生产成本的归集，从这个点角度看就可以理解为何有些人把这个级别的 ERP 生产管理称作购销存。

简易的 MES 实现从计划、排产、任务下达、车间报工、检验，把这些环节信息化打通。复杂一点的 MES 包括智能仓储 WMS 和 AGV 运输小车、设备联网等。

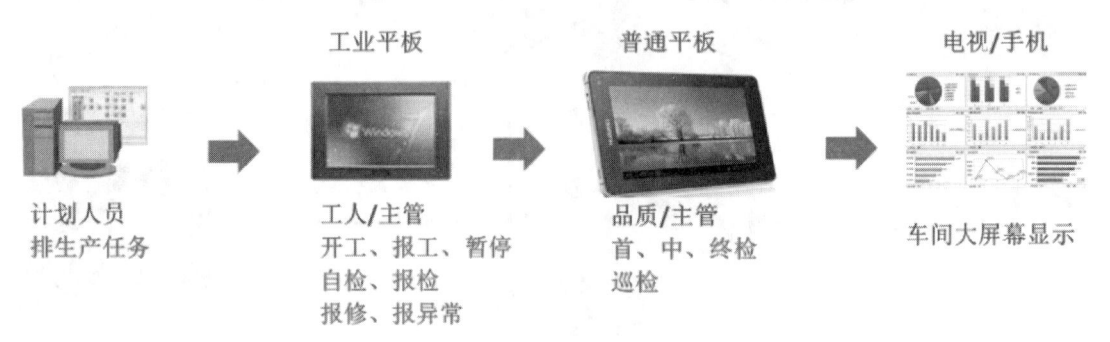

| 计划人员
排生产任务 | → | 工业平板
工人/主管
开工、报工、暂停
自检、报检
报修、报异常 | → | 普通平板
品质/主管
首、中、终检
巡检 | → | 电视/手机
车间大屏幕显示 |

三、实施落地方法

* 复杂的导航系统由软件公司开发！
* 企业高层只需要借助高效的工具设计出运行路线！
* 企业员工只需要按照路线简单机械地执行！

ERP实施落地方法分为两类，即针对中小企业的套装软件和针对大中型企业的平台化软件。中小微企业因为预算有限，不了解市场行情，普遍选择的是套装软件。由于套装软件功能相对固定，只能企业去满足软件，软件不能按照企业的个性化想法去调整，准确说是这种调整经济代价比较高。平台化系统可以满足企业的个性化需求，而且功能调整效率比较高，实施思路就像做个性化方案一样。平台化系统也有成熟的功能模块，灵活拓展性更强。

既然套装软件是标准化功能，没法满足个性化需求，那就使企业的调研意义大打折扣，因为你即使调研了解了个性化需求，也没法实现，还不如直接套用，提高甲乙双方的推进效率。

（一）套装软件

套装软件针对的客户群主要是中小微企业。这类企业对信息化的要求主要以解决基本的流程控制为主，提高统计效率，它们按照软件的思维去执行，几乎可以直接培训。当然前提也是顾问要有基本的判断水平，毕竟套装软件也提供了不同的参数配置和多种业务流程去选择。高水平的顾问一般几乎不用调研，几个关键点了解一下就知道该选择哪个模式去培训。但是做中小微企业套装软件的顾问往往多数水平偏低，不能像高水平的中医那样一看便知，所以还免不了走形式上的调研过程，问一些废话问题。

中小微企业特点是信息化基础弱，对ERP的完整逻辑不怎么熟，尤其是普遍存在执行力低的现象，所以在推进上不要急于全面推开，尽量分步执行，星星之火慢慢燎原，逐个解放。针对要求财务一体化的企业，前期先执行框架，把财务相关的必要期初数据搞准，再细化提升，即先解放，再现代化建设。切记不要一步到位，因为以我17年的信息化推行经验看，中小微企业普遍没有那个执行力。

（二）平台化软件

平台化系统针对有些规模的企业，一般是已经有信息系统在用的企业，只是已有系统满足不了需求，需要更换更为强大的。这些企业普遍多是财务一体化的应用要求，如上市公司。能实施这样级别系统的顾问水平也往往偏高，具备管理规划能力。既然平台化系统可以满足企业个性化，那在实施的时候，往往是以满足客户需求为目标。以下按产值5000万到10亿之间规模的企业预排一下落地步骤及时间周期。

启动会（半天）：双方成立项目组，甲方项目负责人一名，作为项目整体推动和协调。管理员一名，负责具体细节问题的培训、指导、协调、落实。不少企业没有专职管理员也没事，可以兼职。这个人不需要懂计算机网络知识，只需要懂业务流程能够配合顾问做内部基本的辅导协调即可，相当于是顾问和企业沟通的窗口。岗位可以是各个部门来兼职，仓库作为物流枢纽可以兼职，计划员是各个部门沟通的枢纽也可以兼职，财务作为数据的最终流向也可以兼职，总经理厂长助理也可以。有些企业让行政来兼职，这个不可取，因为行政事务太杂，而且不熟悉业务流程。但是专职管理员不具备高层的推动执行力，所以需要项目负责人在关键的时候分配推动。

调研（5天）：用标准化的SOP业务流程做参照，仔细跟各个部门核对这样的业务流程是否可行，以及了解其想解决的问题。注意不能企业怎么说就怎么来，要给企业提供解决问题的标准化解决方案，或者说解决问题的根本性方案。实际上ERP本身作为业务流程标准化类的管理工具，除非不同行业业务流程不同，不同规模对流程管控细致程度上的阶段性不同之外，主要是一些个性化的控制方法不同。说到底，管理应该还是有一个标准的，这个标准是客观存在的，而且理论上应该是唯一的。调研完出一个调研报告，双方签字作为第一阶段的目标。如果企业信息化基础弱，需要在调研前做一次预培训，让企业对信息化方法有基础了解，一切都是为了管理标准化，而不是将信息化全部按照企业想法（没有经验）执行。

规划方案（5天）：按调研究的需求调整业务流程和细节问题解决方案，出方案规划书。注意业务流程规划，一定要财务一起参与，站在财务会计分录角度去规范前端业务流程，单据如何分类、基础数据如何分类，一切以出财务数据为导向。

方案确认（5天）：跟企业逐个部门确认方案规划书，并做适当调整，初步签字确认，进一步明确第一阶段的目标。

系统功能调整（10天）：针对明确的方案规划，在标准系统功能基础上做个性化调整，主要通过业务流程和细节问题的解决方案实现。把确认后的SOP流程直接嵌入系统中，方便后续的操作培训。前期不做更细节性的功能，先把楼的毛坯房搭建后，后期再做细节装修上的事。很多细节装修刚开始是无法确定的，存在很多不确定性。

操作培训及模拟（5天）：功能已经按照确认后的SOP调整，而且SOP已经直观地嵌入系统中，接下来的培训就比较容易了，相当于带着企业按照SOP具体操作一下，毕竟SOP上还有操作步骤截图。培训的过程也是再一次确认验证方案的过程，因为有了直观的系统执行，企业方可以进一步直观地确认是否是其想要的效果。这样的培训过程比较快，集中第一次做通用操作的培训，然后按部门轮流确认，最后再统一模拟一下，让项目负责人确认知晓，以便决定什么时候正式切换运行。

注意我把模拟时间控制得很短，很多企业想模拟运行时间长一些，我的经验告诉你，只要是没有正式运行，所有的模拟员工都不会带着重视的心态去认真执行。一方面是切换期间要做两套账，本身工作就很繁忙，另外人的心里普遍是反正到时候正式运行会有顾问辅导。所以模拟不在于模拟多久，主要是把业务流程走通，一些主要问题的解决方案实现。

考试（2~5天）：有些员工因为工作忙不会去认真学习，但是ERP运行很容易因为一个关键环节走不通而导致整个公司停滞。所以很有必要确保主要人员把方案运行确认一遍，确认的最好方法就是通过考试来验证，将考试结果上报项目负责人。

正式运行前准备（2~3天）：如果是替换老系统，基础资料和期初数据基本都可以从老系统中导出来，尽量务必用导出导入的方式执行，因为这样的效率比较高。顾问分配好各个部门负责的期初数据任务及时间节点，有些财务数据可以延缓到下个月财务结账前出来。各个部门负责人按任务要求把数据导出，这个过程需要顾问在培训指导下导出方法、关键点。

导出数据的时间很快，一般每个部门半天即可搞定。之后把EXCEL数据给顾问，由顾问用两天左右时间加班加点导入新系统中，导入后指导各个部门的负责人在系统中再次核对下期初数据，有些期初数据错了，在下个月结账前还可以重新导入，如存货成本、生产成本。

正式运行（1~3个月陪同）：期初数据导入完后，立即开始正式运行，正式运行"开账"时间一般选择某个月的月初。注意这是开账时间，而不是正式运行时间，如10号开始也可以运行，把前面1~10号的单据补完，补的好处是补完了，也就当练手了。一般前一个月顾问需要现场陪同，随时解决现场遇到的各种细节障碍，直到完成首月的财务结账。

完成首月的财务结账过程会很不顺利，结算成本会因为前端业务部门不熟悉而产生很多异常单据没有及时处理，也会因为财务数据流向而重新微调前端业务流程，更多的是通过结账培养财务发现、知晓、分析、解决前端问题的能力。这个过程一般持续三个月，即持续三次月结，有的甚至要持续六个月的月结，财务才能独立完成结账工作。

（三）注意事项

1. 新老系统编码规则不同

方案：先延续旧系统的编码，目的是为了保证顺利过渡，过渡完成后在新系统中再批次变更编码。一般好的系统都有这种功能，只要有新老编码对照表，即可自动导入完成自动变更，有单据都会变更掉，当然也可以在新系统中增加一个旧编码栏位。

2. 新老系统业务流程不同

方案：先按老系统的业务流程执行，甚至要先舍弃老系统的细节流程，把框架性流程执行起来，保证财务数据平滑过渡，过渡完成后再细化流程管控。一切以财务数据平滑过渡为准。

3. 老系统数据不对

方案：在老系统中先按实际数据做调整，调整正确后导入新系统中。这种正确是相对正确，总之新系统期初要和老系统数据一致，不管对和错，目标是完全一致，一切为了财务过渡顺利。

四、中小企业信息系统设计定位

平台化系统一般是功能模块集成一体化，只要导入一个系统即可覆盖绝大多数范围，但是这样的系统价位高，系统庞大复杂，不太适合中小微企业的定位。而中小套装软件功能有限，所以只能选择合适的搭配组合。

行政后勤办公可以用免费的企业微信或者钉钉。

ERP 用中小套装软件，简单易懂上线快。

绩效激励管人管事的系统，也用单独的即可，不要苛求非要在一套系统里。

PDM 一般也是可以专门独立出来的，即使是某些品牌 ERP 中也含有 PDM 模块，其内在逻辑还是相当于独立的两套系统，接口一样还是要按照每个企业的方案重做一遍。

MES 系统也可以独立出来，作为对 ERP 的补充。

HR 系统也可以独立出来，一般人数少的企业，完全用 ERP 中的人事档案部分即可，实现人事记录、合同有效期提醒。薪资一般线下计算完成，考勤一般独立完成。

以下是市面上几个 ERP 品牌系统定位罗列，品牌很多，我只罗列部分代表性的产品。

特点	等级	定位	大陆		台湾	
			用友	金蝶	鼎捷	正航
最新平台化系统	高端	满足未来和个性化	U9	—	E10	T9/T8
套装（CS）	中级	精细化流程管控 + 辅助智能	U8	K3	易飞	T357
	小系统	基本流程控制 + 数据共享	T6	KIS	易助	导航达人

五、战略目标及分解执行

（一）战略目标

公司战略目标、个人的年季月目标、周总结日总结，这些部分在钉钉、企业微信、OA 中基本都常见，这里就不截图了，功能就是不同单据的增删改查。

（二）行动方案策划

行动方案策划前面也设计了表格，可以放到 KPI 表格中，也可以设计成一个项目管理。即一个项目有哪些阶段组成，每个阶段有哪些工作任务，每个任务的开始结束时间，每个任务的负责人、参与人等。

1. 项目类别设定

注意：这里的项目类别中国并不仅仅是指项目，应该理解为日常工作中所有工作管理涉及的工作分类。如：售前一类的工作、售后一类的工作、会议相关的一类工作、正常的项目一类工作等。目的是按类别集中过滤查看项目工作进度。这里的项目管理可以当作 CRM 使用，或者售后管理使用。

2. 项目阶段设定

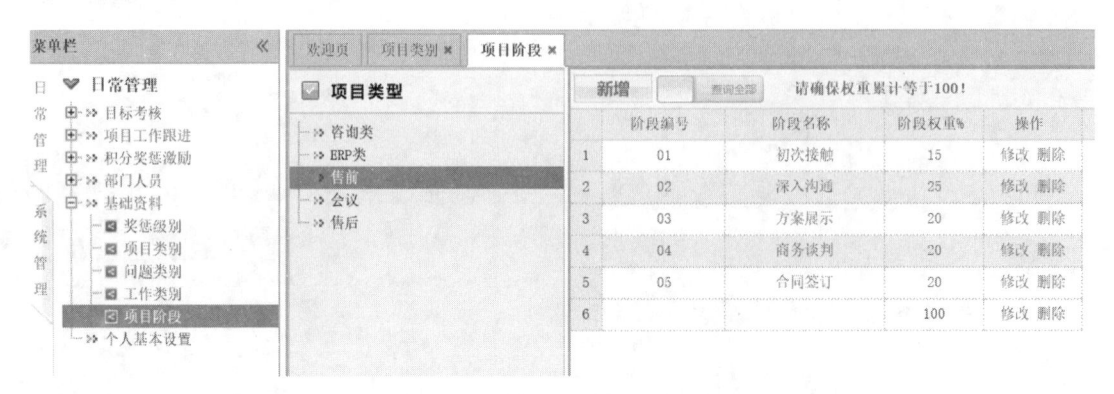

在项目类型基础上,针对每个项目类型,再细分项目阶段,为每个阶段分配进度权重。权重有两种设置:一种是按进度顺序串行的,取最大阶段的进度值;还有一种是各个阶段并行,取各个阶段权重完成率再汇总计算。

3. 项目管理(CRM/ 研发 / 项目 / 售后 /……)

项目类型:(CRM/ 项目 / 售后 /……)

状态:启动、完成、结案

项目标题:项目名称,可以是客户名称——项目名称。

"新增"按钮: 新增表身每行的工作任务,弹出的界面就是工作单,工作单需要对应到具体的项目阶段。

(三)工作管理

事务下达填写工作单,可以在手机上随时安排任务、接收任务、工作任务结果汇报。

字段解释：如：老板 A 交办一件工作给部门经理 B 负责，参与人还有部门经理 B 的成员 E 以及其他部门人员 F，该工作由 C 负责检查确认。参与人可以选择多个，其他只能选择一个人。

1. 交办人 A、负责人 B、检查人 C、参与人 E 和 F：

因为每个人的工作量不同，每个人的分值也不同。分值可以不填写，如果填写最终会在"积分排行报表"中体现。积分排行表中有个分值类型叫"工作分"，即从这里而来。各个企业根据自己管理需要设定。

2. 工作类别：

日常各个部门工作很多，可以自己分下类，如项目、研发、日常工作、会议、售后等。

3. 签收 / 阅读状态：

（1）老板给下属下达一份工作单，那么下属需要先点"签收"按钮，方可点"开始"按钮进行。

（2）如果下属按照上级的口头布置任务自己在系统里录入工作单，那么下属录入完，上级进入系统打开该工作单后，系统自动切换为已查阅状态，表示该工作领导已经知晓了。阅读仅仅是一个知晓标识，不影响作业控制。

4. 工单状态：

保存后（未开始）、点"开始"按钮后（进行中）、点"完成"按钮后（完成待检查）、点检查人员汇报完检查工作，且"完成检查"打钩，则检查状态会切换为"已检查1"；同时工单状态改为（完成待结案）、交办人进系统，点"结案"按钮后（结案）。

注意：只有进度汇报100%后，才能点完成按钮。

按钮	负责人	检查人	交办人	签收 / 查阅状态	检查状态	工单状态
	1）负责人填单，交办人查阅		2）交办人填单，负责人要签收			未开始
签收				已签收 / 已查阅		
开始	开始工作记录汇报	检查记录汇报	跟进填记录			进行中

续表

按钮	负责人	检查人	交办人	签收/查阅状态	检查状态	工单状态
完成	工作记录汇报100%后才可以点完成	检查记录汇报	跟进填记录			完成待检查
		检查记录汇报 检查 ☑完成检查	跟进填记录		已检查	完成待结案
结案			检查完后才可以点结案			结案

5. 检查状态：

当工作汇报完成，检查人做最终检查工作记录汇报，并且"完成检查"打钩，则状态会切换为"已检查1"。可以多个人参与检查，几个人检查完就对应显示数字几。

6. 新增工作记录：

填写工时、人力、进度。

问题类别：如果在工作汇报过程中遇到了问题需要反馈，则也在工作汇报中记录，选择对应的问题类别。后续可以针对该问题汇报，形成一个"解决问题的工作单"。

六、阿米巴独立核算

（一）经营会计报表

1. 阿米巴独立核算的最终目的是结算表，可以看到每个部门的各种收入和各种支出。这个表横向栏位主要显示的是二级科目。二级科目可以自定义，因为不同的企业科目设置不同。

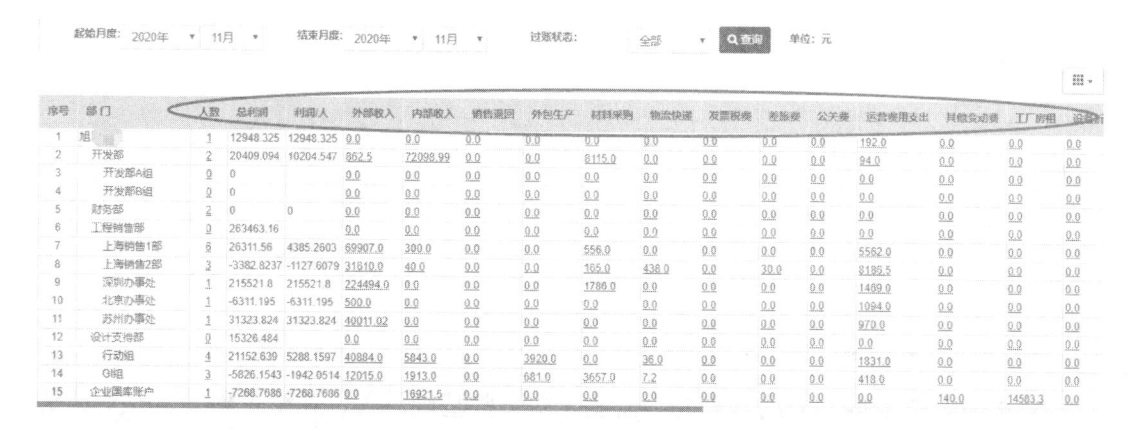

2. 点击"人数"栏位，可以弹出该部门细化到人的结算表，横向栏位一样，就是细化到具体每个人了，针对需要公摊的费用按人数平均计算。

3. 针对报表上的金额栏位，点击后会弹出明细数据，可以清晰地看到该数据是哪些单据。

4. 点击对应的部门，弹出来的就是标准的"经营会计报表"了。从左到右栏位依次为一级科目、二级科目、三级科目、目标值、实际值、实际值占比、差异值。

类别	收入费用类别	收入费用项目	目标值（元）	实际值（元）	实际值占比%	金额差异（元）
收入	外部收入	项目合同		33343.0		
		样品收入		2097.0		
		小计		69907.0		69907.0
	内部收入	生产单		300.0		
		小计		300.0		300.0
	销售退回			0.0		0.0
变动支出费用	外包生产			0.0		0.0
	材料采购	其他丝布		556.0		
		小计		556.0		556.0
	物流快递			0.0		0.0
	发票税费			0.0		0.0
	差旅费			0.0		0.0
	公关费			0.0		0.0
	运营费用支出			5562.0		
		小计		5562.0		5562.0
	其他变动费			0.0		0.0
固定费用	工厂房租			0.0		0.0
	设备折旧			0.0		0.0
	工资	工资		32000.0		
		小计		32000.0		32000.0
	办公费	水电费		333.35		
		小计		333.35		333.35
	其他固定费			0.0		0.0
分摊费用	后勤运营支持费	运营支持费		3428.4		
		小计		3428.4		3428.4
	办公租金	公司办公租金		2000.6893		
		小计		2000.6893		2000.6893
	办公室水费冬暖物业费					

5. 报表上的数据怎么汇总来呢？需要先做一些基础设置，如组织划分、收支类别（报表科目）、交易单据、目标设定、出勤工时设定、费用分摊规则设定……

（二）组织划分

组织划分就是在部门设定上指定好哪些是结算部门，哪些是非结算部门，针对结算部门下面可能又细分多层或者多个子部门，只有最底层的单元才能叫结算单元，外部销售和内部交易只能用最底层的结算单元去交易。

序号	部门编号	部门名称	核算部门	结算单元	说明	操作
1	1	开发部	是	是		
2	2	财务部	否	否		
3	3	工程销售部	否	是		
4	4	设计支持部	是	是		
5	5	企业国库账户	是	是		

（三）收支类别

经营会计报表的主体结构是由收支类别决定的。收支类别可以定义两层：第一层是一级科目，如收入、变动费用、固定费用、分摊费用；第二层是二级科目，如收入细分为外部收入、内部收入、交易退回，变动费用再细分为材料费、运输费、包装费……

这里注意了，不同部门的会计报表二级科目内容是不同的，所以设置二级科目的时候，需要指定该二级科目是否专用于某个部门，如果不指定则表示为公共科目。

（四）三级科目及内部定价

有些企业报表要细分到三级科目，如外部收入里要体现哪些收入，如不同的产品、产业，材料费细分不同的材料分类等。在做具体业务单据的时候，交易的是三级科目。一般三级科目分为具体的收支费用项目和物料分类两种情况。

收入费用项目可以建在对应的二级科目下面，在三级科目上可以设定好销售价、采购价。

工厂一般会有物料的交易，需要在物料信息上维护好销售价和采购价，但是物料信息一般不作为三级科目，而是把物料分类作为三级科目，毕竟结算表上没有必要细到具体的物料规格，只要到物料分类即可。

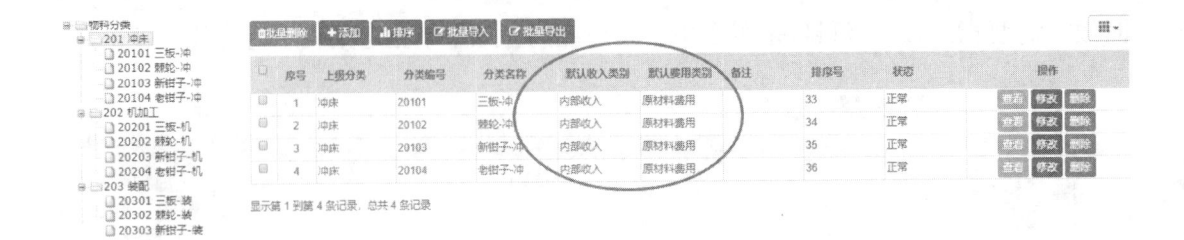

（五）交易单据

交易单据一般分为销售类、采购类和内部交易类，因为交易的对象有物料和服务两种，这两种界面又不同，所以单据可以分为两大类，每一类再细分销售、采购和内部。

阿米巴理论培训一般是统计到部门，或者说细小的单元，但是站在信息系统角度是完全可以统计到人的，一般销售部门有必要到人。所以在做交易单据的时候是直接选择人，自动把人所在的部门带出来，这样就既统计到部门也统计到人了。

单据清单

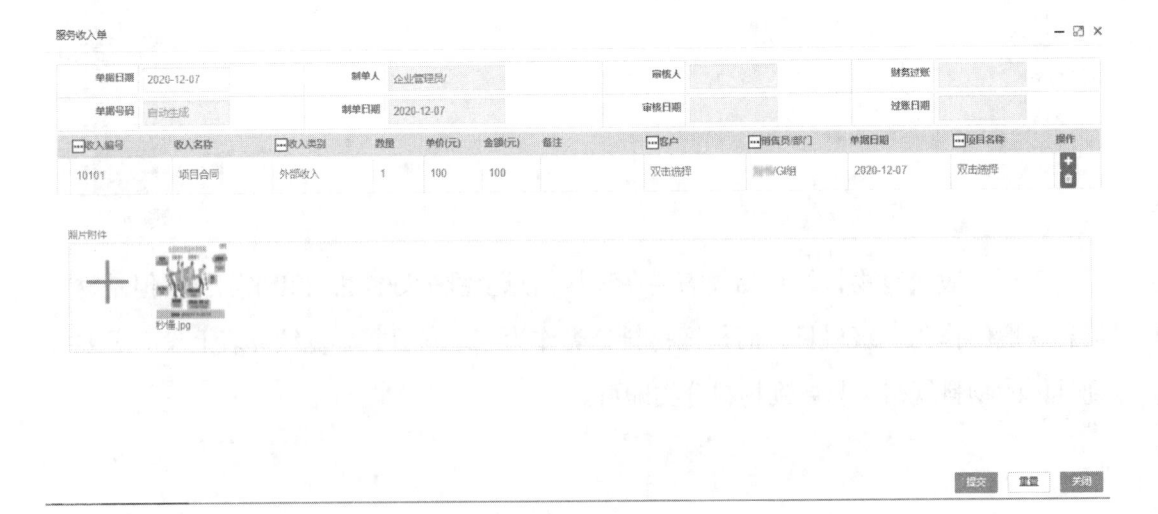

服务收入单

内部服务单

（六）费用分摊规则

有些固定费用和分摊类的费用可以设置好分摊规则，以及每种费用在各个部门之间的分摊比例，这样每个月可以快速产生各个部门的费用分摊金额。每个月初自动产生分摊的金额，到月底的时候财务可以根据实际发生额再修改，重新分摊执行。

序号	部门	结算单元	占比值（如：面积，数量等）	比率（%）
1	测试公司	否		
2	子公司1	否		
3	销售部	否		
4	销售1组	是	20.0	20.0
5	销售2组	是	15.0	15.0
6	销售3组	是	20.0	20.0
7	生产	否		
8	1车间	是	10.0	10.0
9	2车间	是	15.0	15.0
10	3车间	是	10.0	10.0
11	研发	否		
12	行政	是	10.0	10.0
13	财务	否		
14	子公司2	否		

规则名称：设备折旧分摊　　预设金额（元）：30000.0

费用分摊规则

序号	收入费用类别	收入费用项目	预设金额（元）	规则编号	规则名称	状态	操作
1	房租—固定费用	房租	2000	30101	房租分摊		分摊明细 执行
2	设备—固定费用	设备折旧	30000	3201	设备折旧分摊		分摊明细 执行

费用分摊执行

（七）工时、目标设定

经营会计表中的工时从这里统计，每个巴每天统计自己的工时，系统会自动按照利润除该时段工时得出"单位小时附加值"。

日期	正常工时	加班工时
1	0	0
2	0	0
3	0	0
4	0	0
5	0	0
6	0	0
7	0	0
8	0	0

部门：销售1组　　年度：2020　　月度：10

经营会计表中的目标值就在这里设定，目标值设定到二级科目，也可以细化到三级科目。目标可以针对部门设定，也可以针对每个人设定。

部门:	销售2组		年度:	2020	
月度:	12	▼	人员:	王萌	▼

序号	收入费用类别	种类	目标金额（元）
1	收入	外部收入	10000.0
2	收入	内部收入	100.0
3	收入	销售退回	0.0
4	变动费用	材料费	2000.0
5	变动费用	辅材费	200.0
6	变动费用	电费	200.0
7	变动费用	内部服务	0.0
8	变动费用	广告费	0.0

（八）财务审批、过账

财务审批、过账类似会计凭证审批流程，有些单据是需要经过财务过账确认的，有些单据是要相关部门审批的，具体各企业根据需要设置权限控制。

七、行为积分激励

（一）得分类型

得分类型一般专门讲积分制的会分为 A/B 分，我主张是用中文名，即股权分、KPI 分、价值观分、工作量化分、突出贡献分、日常行为分、团队协作、违纪高压分、能力分……得分汇总表是把员工所有的综合评价都汇总到一起，即得分类型中的栏位。

每类分的数据来源如下：

·股权分：源自股权表

·利润分：源自阿米巴利润核算表

·KPI 分：源自 KPI 考核表

·价值观分：源自价值观考核表

·工作量化分：源自工作任务管理的工作量化统计

·行为分：源自奖惩单，分为日常行为、突出贡献、团队协作、违纪高压、为人处事……为价值观评估提供依据

·能力分：工龄、学历、技能、特长、荣誉、职称……由系统每个月自动计算产生

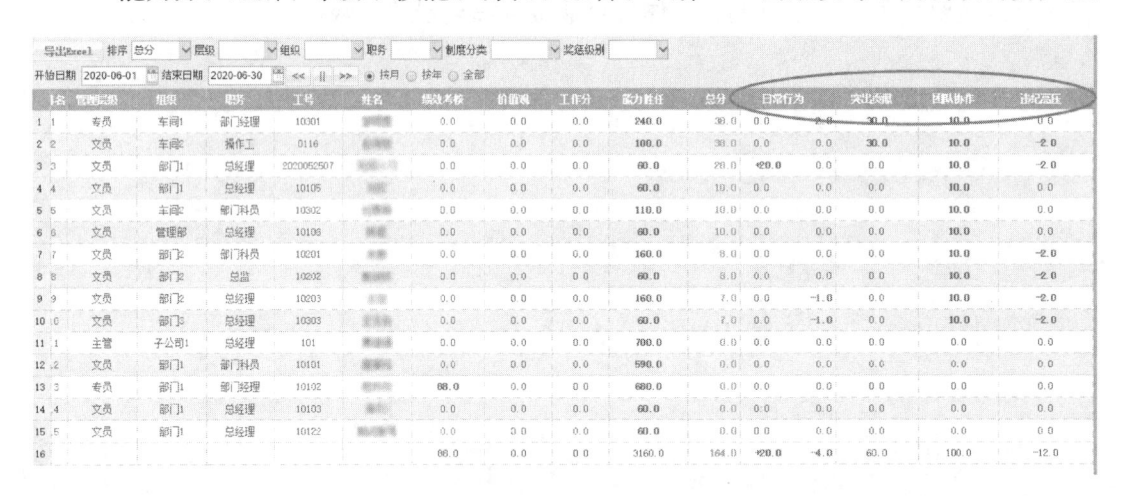

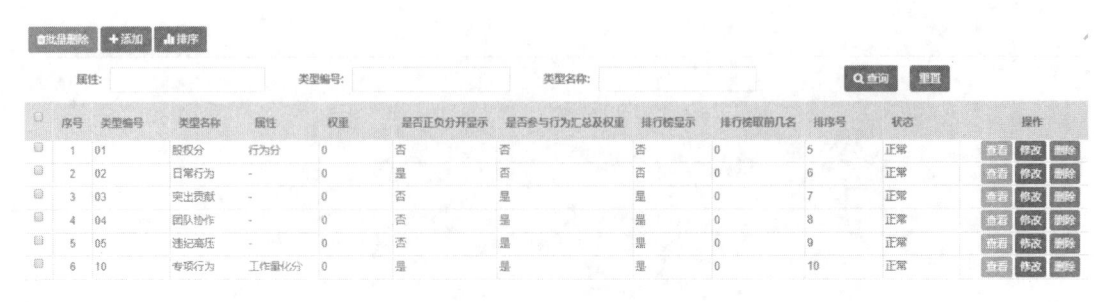

（二）制度分类

制度条款比较多，需要分类，一般分为两层——大类和小类，每类下面直接对应具体制度条款。

（三）制度条款

具体的制度条款有制度编号、制度名称、制度内容、参考分值，默认的审批流程描述，默认的初审人，复审人，是否需要运委会审批，以及员工是否可以自己申请奖惩单，哪些员工可见。

（四）奖惩单

奖惩单类似交警贴罚单，针对某某人依据某某制度条款，具体什么事迹描述，给予加分还是扣分，走什么样的审批流程。一般奖惩单还分为单人的和多人的不同格式，如出勤要把所有人的出勤结果导入系统，用多人的格式界面操作起来更方便些。

（五）审批流程

奖惩单的审批流程和 OA 表单有点不同，依据奖惩单的重要程度划分为几种情况如下：

1. 初审

2. 初审——复审

3. 初审——运委会

4. 初审——复审——运委会

分值低的由部门经理审批即可，分值中的可以由直接主管交由人事审批，分值高的主管提交到高层那里审批，分值特高的交给运委会审批。

八、能力分评估

（一）能力类别

对能力做好分类，如工龄、学历、技能、特长、荣誉……

每一类能力设定好分值区间，如学历，中专及以下每个月加 0 分，大专每个月加 1 分，本科每个月加 2 分，研究生每个月加 3 分……

（二）能力维护

对每个员工资料维护好能力项目，如职称、学历、技能、特长、荣誉等，其中入职日期维护好后系统会自动计算工龄。

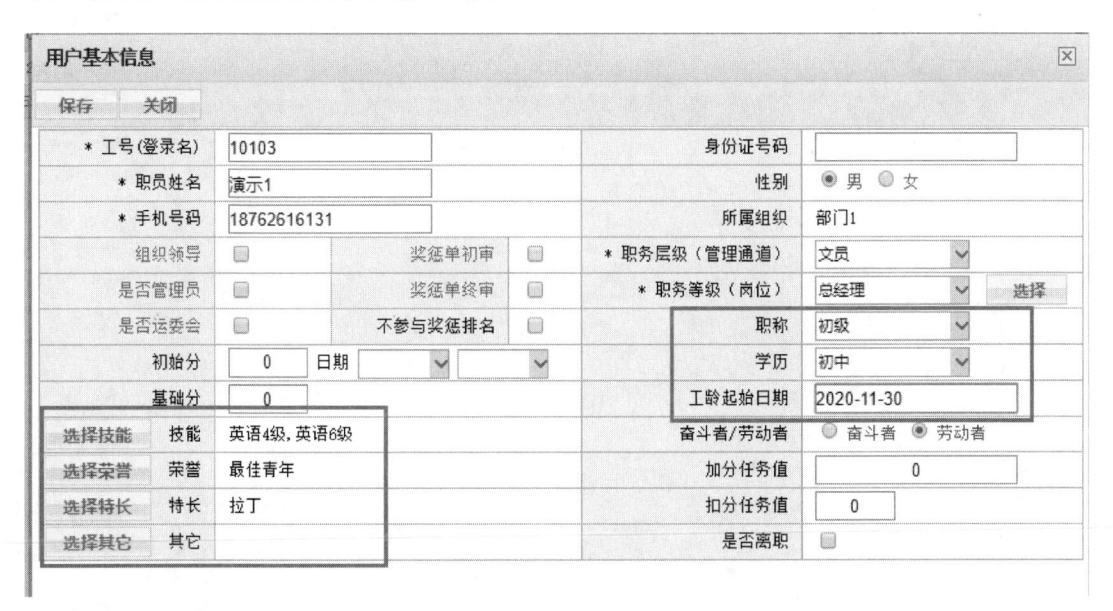

（三）能力分自动计算

维护好每个员工的能力项目后，每个月系统即可自动计算统计能力分值。

	计算	2020	12	<<	‖	>>	名称			清空				
	组织	工号	姓名	工龄得分	工龄	学历得分	学历	职称得分	职称	基础分	技能得分	技能	荣誉得分	荣誉
1	测试账套		超级管理员	0		0		0		0	0		0	
2	子公司1	101	奥雄强	20	1	300	本科	150	高级	100	90	英语6级-60,驾驶-30	50	最佳青年-20,全国1等奖-30
3	部门1	10101		30	2	300	本科	100	中级	0	120	英语4级-30,英语6级-60,驾驶-30	50	最佳青年-20,全国1等奖-30
4	部门1	10102		20	1	300	本科	100	中级	100	120	英语4级-30,英语6级-60,驾驶-30	50	最佳青年-20,全国1等奖-30
5	部门1	10103		20		0	初中	50	初级	0	0		0	
6	部门1	10105		20		0	初中	50	初级	0	0		0	
7	部门1	10122		20		0	初中	50	初级	0	0		0	
8	部门1	2020052507		20		0	初中	50	初级	0	0		0	
9	部门2	10201		20		0	初中	50	初级	100	0		0	
10	部门2	10202		20		0	本科	50	初级	0	90	英语6级-60,驾驶-30	50	最佳青年-20,全国1等奖-30
11	部门2	10203		20		0	硕士	150	高级	0	0		0	
12	部门3	10303		20		0	初中	50	初级	0	0		0	
13	车间1	10301		20	1	150	大专	50	初级	0	30	英语4级-30	0	
14	车间2	0116		40	8	10	初中	50	初级	0	0		0	
15	车间2	10302		20		0	中专/高中	100	中级	0	0		0	
16	管理部	10106		20		0	初中	50	初级	0	0		0	

九、KPI 和价值观评估

（一）考核管理流程

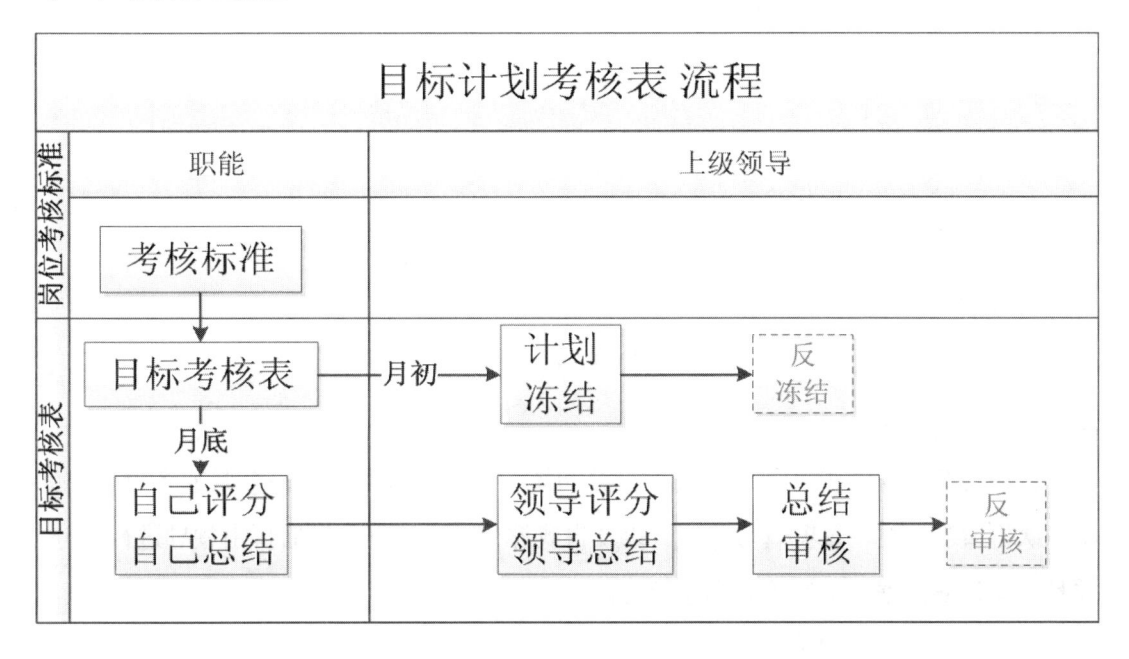

目标计划考核表 流程

岗位考核标准	职能	上级领导		
	考核标准			
目标考核表	目标考核表 → 月初 →	计划冻结	→	反冻结
	↓ 月底			
	自己评分 自己总结 →	领导评分 领导总结 →	总结审核 →	反审核

（二）考核表填写

打开 KPI 考核表，可以点击左上角"新增考核项"逐项填写，也可以点"选择模板"，在公司管理员设定好的每个岗位对应的考核标准模板中选择。一个岗位可能有多个考核模板，因为不同时间的考核内容会变化，所以可能有多个模板，系统默认罗列最近模板。可以选择"模板版本"，最后点取回，取回后，计划考核表上的考核项目还可以手工再修改，可增加或者删除考核项目，最后点保存按钮。

月底下属和领导分别对考核表做自我打分和自我总结；最后做"总结审核"，把

该总结冻结封存。如果做错了想修改，就返回审核再修改。

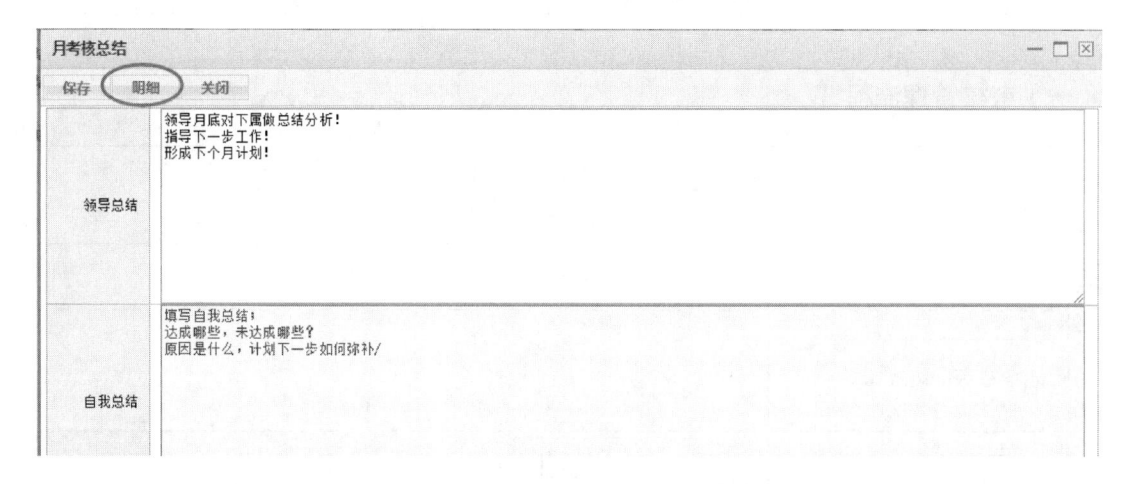

（三）价值观考评

价值观评估先维护好评估模板，全公司统一一个模板即可。每个月或者每个季度做一次价值观评估，每项填写分值，以及自我评估理由依据，然后再由领导进行评分，并且填写打分依据，最后计算出总评分。

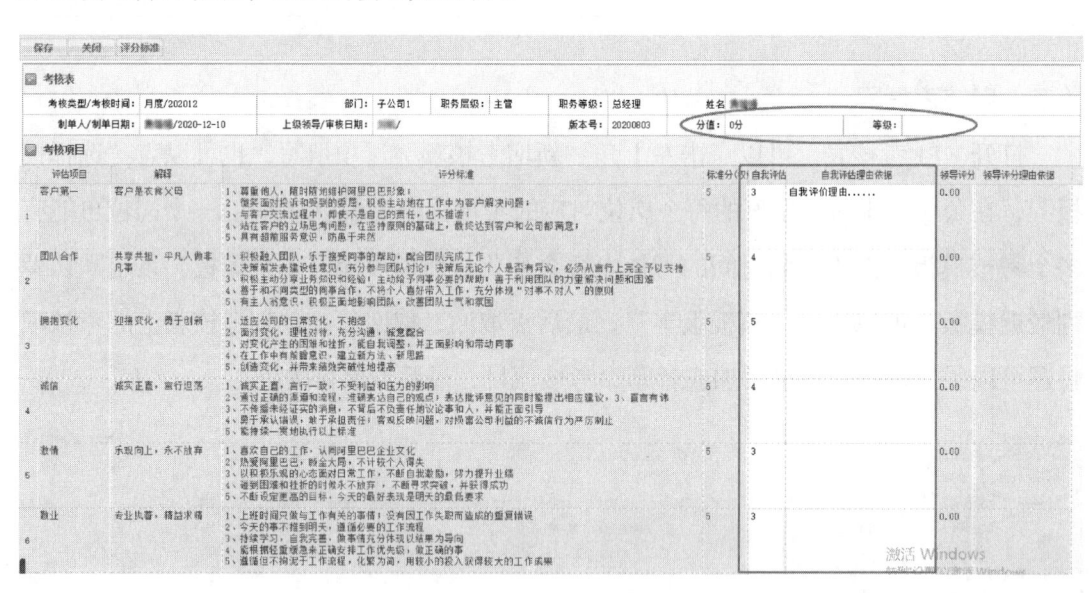

图书在版编目（CIP）数据

　　向华为学习：图解驱动激励机制步骤 / 辛明珠，孙会国，赵淑瑾著．— 上海：上海社会科学院出版社，2021
　　ISBN 978-7-5520-3551-3

　　Ⅰ.①向⋯　Ⅱ.①辛⋯　②孙⋯　③赵⋯　Ⅲ.①通信企业—企业管理—经验—深圳　Ⅳ.① F632.765.3

中国版本图书馆 CIP 数据核字（2021）第 072867 号

向华为学习——图解驱动激励机制步骤

著　　者：辛明珠　孙会国　赵淑瑾
责任编辑：路　晓
封面设计：徐　蓉
出版发行：上海社会科学院出版社
　　　　　上海顺昌路 622 号　　　邮编 200025
　　　　　电话总机 021-63315947　　销售热线 021-53063735
　　　　　http：//www.sassp.cn　　　E-mail：sassp@sassp.cn
排　　版：上海碧悦制版有限公司
印　　刷：上海新文印刷厂有限公司
开　　本：787 毫米 ×1092 毫米　1/16
印　　张：12
字　　数：209 千字
版　　次：2021 年 6 月第 1 版　　　2021 年 6 月第 1 次印刷

ISBN 978-7-5520-3551-3/F・658　　　　　　　　　　　　定价：58.00 元

版权所有　翻印必究